西方生命美学经典名著导读丛书

潘知常
主编

爱与存在

弗洛姆《爱的艺术》导读

刘燕 著

江苏凤凰文艺出版社

图书在版编目（CIP）数据

爱与存在：弗洛姆《爱的艺术》导读 / 刘燕著；
潘知常主编. —南京：江苏凤凰文艺出版社，2022.3
（西方生命美学经典名著导读丛书）
ISBN 978-7-5594-6376-0

Ⅰ.①爱…　Ⅱ.①刘…②潘…　Ⅲ.①社会心理学—研究　Ⅳ.①C912.6

中国版本图书馆 CIP 数据核字（2021）第 231458 号

爱与存在：弗洛姆《爱的艺术》导读
刘燕 著　潘知常 主编

出 版 人	张在健
责任编辑	朱雨芯　姜业雨
助理编辑	文芹芹　张　婷
装帧设计	张景春
责任印制	刘　巍
出版发行	江苏凤凰文艺出版社
	南京市中央路 165 号，邮编：210009
网　　址	http://www.jswenyi.com
印　　刷	苏州市越洋印刷有限公司
开　　本	787 毫米×1092 毫米　1/32
印　　张	9.25
字　　数	170 千字
版　　次	2022 年 3 月第 1 版
印　　次	2022 年 3 月第 1 次印刷
书　　号	ISBN 978-7-5594-6376-0
定　　价	45.00 元

江苏凤凰文艺版图书凡印刷、装订错误，可向出版社调换，联系电话 025-83280257

"生命为体,中西为用"

——"西方生命美学经典名著导读丛书"序言

潘知常

众所周知,中国当代的生命美学是改革开放四十年中较早破土而出的美学新探索。从1985年开始,迄今已经是第三十六年,已经问世三分之一世纪。但是,中国当代的生命美学却并不是天外来客、横空出世。我多次说过,在这方面,中国20世纪初,从王国维起步的包括鲁迅、宗白华、方东美、朱光潜在内的生命美学探索堪称最早的开拓,源远流长的中国古代美学则当属源头。同时,西方19世纪上半期到20世纪上半期出现的生命美学思潮,更无疑心有灵犀。遗憾的是,这一切却很少有学人去认真考察。例如,李泽厚先生就是几十年一贯制地开口闭口都把生命美学的"生命"贬为"动物的生命"。而且,作为中国当代最为著名的美学大家,后期的他尽管一直生活在美国,不屑于了解中国自古迄今的生命美学也就罢了,但是对于西方的生命美学也始终不屑去了解,实在令人惊叹。当然,这也并非孤例。例如,德国学者费迪南·费尔曼就发现:"就是在今天,生命哲学对许多人来说仍然是十分可疑的现象:最常听到的批判是生命哲学破坏理性,是非理性主义和早期法西斯主义。"①为此,他更不无痛心地警示:"如果到现在还有人这么想问题,应该说是故意抬高了精神的敌人。"②一般而言,在西方,对于生命美学的提倡,最早的源头,也许可以追溯到奥古斯丁的《忏悔录》。而在18世纪下半叶,德国浪漫主义美学家奥古斯特·施莱格尔和弗里德里希·施莱格尔兄弟在《关于文学与艺术》和《关于诗的谈话》中则都已经用过生命哲学这个概念。而且,小施莱格尔在他的《关于生命哲学的三次讲演》中也提到了生命哲学。当然,按照西方美学史上的通用说法,在西方,到了19世纪上半期,生命美学才开始破土而出。不过,有人仅仅把西方的生命美学称为一个学派,其中包括狄尔泰、齐美尔、柏格森、奥伊肯、怀特海等人,或者,再加上叔本华和尼采。我的意见则完全不然。在我看来,与其把西方生命美学看作一个严格意义上的学派,不如把它看作一个宽泛意义上的思潮。这是因为,在形形色色的西方各家各派里,某些明确提及生命美学的美学,其实也并不一定完全具备生命美学的根本特征,而有些并没有明确提及生命美学的美学,却恰恰完全具

---

① [德]费迪南·费尔曼:《生命哲学》,李健鸣译,华夏出版社2002年版,第2页。

② [德]费迪南·费尔曼:《生命哲学》,李健鸣译,华夏出版社2002年版,第2页。

备了生命美学的根本特征。这是因为,西方美学,到尼采为止,一共出现过三种美学追问方式:神性的、理性的和生命(感性)的。也就是说,西方曾经借助了三个角度追问审美与艺术的奥秘:以"神性"为视界、以"理性"为视界以及以"生命"为视界。正是从尼采开始,以"神性"为视界的美学终结了,以"理性"为视界的美学也终结了,而以"生命"为视界的美学则正式开始了。具体来说,在美学研究中,过去至善目的与神学目的都是理所当然的终点,道德神学与神学道德,以及理性主义的目的论与宗教神学的目的论则是其中的思想轨迹。美学家的工作,就是先以此为基础去解释生存的合理性,然后,再把审美与艺术作为这种解释的附庸,并且规范在神性世界、理性世界内,并赋予其不无屈辱的合法地位。理所当然的,是神学本质或者伦理本质牢牢地规范着审美与艺术的本质。显然,这都是一些神性思维或者理性思维的英雄们,当然,也正如叔本华这个诚实的欧洲大男孩慨叹的:"最优秀的思想家在这块礁石上垮掉了。"[1]然而,尼采却完全不同。正如巴雷特发现:"既然诸神已经死去,人就走向了成熟的第一步。""人必须活着而不需要任何宗教的或形而上学的安慰。假若人类的命运肯定要成为无神的,那

---

[1] [德]叔本华:《自然界中的意志》,任立等译,商务印书馆1997年版,第146页。

么,他尼采一定会被选为预言家,成为有勇气的不可缺少的榜样。"[①]尼采指出:审美和艺术的理由再也不能在审美和艺术之外去寻找,这也就是说,神性与理性,过去都曾经一度作为审美与艺术得以存在的理由,可是现在不同了,尼采毅然决然地回到了审美与艺术本身,从审美与艺术本身去解释审美与艺术的合理性,并且把审美与艺术本身作为生命本身,或者,把生命本身看作审美与艺术本身,结论是:真正的审美与艺术就是生命本身。人之为人,以审美与艺术作为生存方式。"生命即审美""审美即生命"。也因此,审美和艺术不需要外在的理由——我说得犀利一点,并且也不需要实践的理由。审美就是审美的理由,艺术就是艺术的理由,犹如生命就是生命的理由。于是,西方美学终于发现:天地人生,审美为大。审美与艺术,就是生命的必然与必需。在审美与艺术中,人类享受了生命,也生成了生命。这样一来,审美活动与生命自身的自组织、自协同的深层关系就第一次被发现了。因此,理所当然的是,传统的从神性、理性去解释审美与艺术的角度,也就被置换为从生命的角度。在这里,对于审美与艺术之谜的解答同时就是对于人的生命之谜的解答的觉察,回到生命也就是回到审美与艺术。生命因此而重建,美学也

---

① [美]巴雷特:《非理性的人》,杨照明等译,商务印书馆1999年版,第183页。

因此而重建。生命,是美学研究的"阿基米德点",是美学研究的"哥德巴赫猜想",也是美学研究的"金手指"。从生命出发,就有美学;不从生命出发,就没有美学。它意味着生命之为生命,其实也就是自鼓励、自反馈、自组织、自协同而已,不存在神性的遥控,也不存在理性的制约。美学之为美学,则无非是从生命的自鼓励、自反馈、自组织、自协同入手,为审美与艺术提供答案,也为生命本身提供答案。也许,这就是齐美尔为什么要以"生命"作为核心观念,去概括19世纪末以来的思想演进的深意:"在古希腊古典主义者看来,核心观念就是存在的观念,中世纪基督教取而代之,直接把上帝的概念作为全部现实的源泉和目的,文艺复兴以来,这种地位逐渐为自然的概念所占据,17世纪围绕着自然建立起了自己的观念,这在当时实际上是唯一有效的观念。直到这个时代的末期,自我、灵魂的个性才作为一个新的核心观念而出现。不管19世纪的理性主义运动多么丰富多彩,也还是没有发展出一种综合的核心概念。只是到了这个世纪的末叶,一个新的概念才出现:生命的概念被提高到了中心地位,其中关于实在的观念已经同形而上学、心理学、伦理学和美学价值联系起来了。"[①]波普尔说过:"我们之中的大多数人不了

[①] [德]西美尔(齐美尔),《现代文化的冲突》,引自刘小枫编:《现代性中的审美精神》,学林出版社1997年版,第418—419页。

解在知识前沿发生了什么。"①同样,在我看来,"我们之中的大多数人"也不了解在当代美学研究"知识前沿发生了什么"。可是,倘若从生命美学思潮着眼,却不难发现,在尼采以后,西方美学始终都在沿袭着"生命"这一主旋律。例如,柏格森、狄尔泰、怀特海等是把美学从生命拓展得更加"顶天";弗洛伊德、荣格等是把美学从生命拓展得更加"立地";海德格尔、萨特、舍勒等是把美学从生命拓展得更加"内向";马尔库塞、阿多诺等是把美学从生命拓展得更加"外向";后现代主义的美学则是把美学从生命拓展得更加"身体"。而且,其中还一以贯之了共同的东西,这就是:从生命存在本身出发而不是从理性或者神性出发去阐释生命存在的意义,并且以审美与艺术作为生命存在的最高境界;或者,把生命还原为审美与艺术,并且进而在此基础上追问生命存在的意义。而在他们之后,诸如贝尔的艺术论、新批评的文本理论、完形心理学美学、卡西尔和苏珊·朗格的符号美学……也都无法离开这一主旋律。而且,正是因为对于这一主旋律的发现才导致了对于审美活动的全新内涵的发现,尤其是对于审美活动的独立性内涵的发现。不可想象,倘若没有这一主旋律的发现,艺术的、形式的发现会从何而来。例如,从美术的

---

① [英]波普尔:《客观知识》,舒炜光等译,上海译文出版社1987年版,第102页。

角度考察的"有意味的形式",从文学的角度考察的新批评,从形式的表现属性的角度考察的格式塔,从广义的角度即抽象美感与抽象对象考察的符号学美学……再回看中国。自古以来,儒家有"爱生",道家有"养生",墨家有"利生",佛家有"护生",这是为人们所熟知的。牟宗三在《中国哲学的特质》一书中也指出:"中国哲学以'生命'为中心。儒道两家是中国所固有的。后来加上佛教,亦还是如此。儒释道三教是讲中国哲学必须首先注意与了解的。两千多年来的发展,中国文化生命的最高层心灵,都是集中在这里表现。对于这方面没有兴趣,便不必讲中国哲学。对于以'生命'为中心的学问没有相应的心灵,当然亦不会了解中国哲学。"也因此,一种有机论的而不是机械论的生命观、非决定论的而不是决定论的生命观,就成为中国人的必然选择。其中,存在着的是以生命为美,是向美而生,也是因美而在。在中国是没有创世神话的,无非是宇宙天地与人的"块然自生"。一方面,是天地自然生天生地生物的一种自生成、自组织能力,所谓"万类霜天竞自由";另一方面,也是人类对于天地自然生天生地生物的一种自生成、自组织能力的自觉,也就是能够以"仁"为"天地万物之心"。而且,这自觉是在生生世世、永生永远以及有前生、今生、来生看到的万事万物的生生不已与逝逝不已所萌发的"继之者善也,成之者性也""参天地、赞化育"的生命责任,并且不辞以践行这一责任为"仁爱",为终生之旨归,为最高的善,为"天地大美"。这就是所谓:"一阴一阳之谓道"。重要的不是"人化自然"的"我生",而是生态平等的"共生",是"阴阳相生""天地与我为一,万物与我并存",是敬畏自然、呵护自然,是守于自由而让他物自由。《论语》有言:"罕言利,与命与仁。"在此,我们也可以变通一下:罕言利,与"生"与"仁"。在中国,宇宙天地与人融合统一为一个巨大的生命有机体。而天人之所以可以合一,则是因为"生"与"仁"在背后遥相呼应。而且,"生"必然包含着"仁"。生即仁,仁即生。由此不难想到,海德格尔晚年在回首自己的毕生工作时,曾经简明扼要地总结说:"主要就只是诠释西方哲学。"确实,这就是海德格尔。尽管他是从对西方哲学提出根本疑问来开始自己的独创性的工作的,然而,他的可贵却并不在于推翻了西方哲学,而是恰恰在于以之作为一种极为丰富的精神资源,从而重新阐释西方哲学、复活西方哲学,并且赋予西方哲学以新的生命。显然,中国美学,也同样期待着"诠释"。作为一个内蕴丰富的文本(不只是文献),事实上,中国美学也是一种极为丰富的精神资源,不但千百年来从未枯竭,而且越开掘就越丰富。因此,越是能够回到中国美学的历史源头,就越是能够进入人类的当代世界;越是能够深入中国美学之中,也就越是能够切近 20 世纪的美学心灵。这样,不难看到,重新阐释中国美学,复活中国美学,并且赋予中国美学以新的生命,或者说,"主要就只是诠释中国美学",无疑也应成为从20世纪初出发的几代美学学者的根本追求,其重大意义与学术价值,显然无论怎样估价也不会过高。然而,中国美学的现代诠释,也有其特定的阐释背景。经过百年来的艰难探索,美学学者应该说已经取得了一个共识,这就是:中国美学的历史实际上是一部与后人不断"对话"的历史,一部永无终结的被再"阐释"、再"释义"和再"赋义"的历史。而20世纪一代又一代的美学学人的"不幸"与"大幸"却又都恰恰在于:西方生命美学思潮作为诠释背景的出现。一方面,我们已经无法在无视西方生命美学思潮这一诠释背景的前提下与中国美学传统对话,这是我们的"不幸";然而另一方面,我们却又有可能在西方生命美学思潮的诠释背景下与中国美学进行新的对话,有可能通过西方生命美学思潮对中国美学进行再"阐释"、再"释义"和再"赋义"(当然也可以通过中国美学对西方生命美学思潮进行再"阐释"、再"释义"和再"赋义"),从而把中国美学在过去的阐释背景中所无法显现出来的那些新性质充分显现出来,最终围绕着把中国美学与西方美学都共同带入富有成果的相互启发之中这一神圣目标,使中国美学从蒙蔽走向澄明,走向意义彰显和自我启迪,并且使其自身不断向未来敞开,达到古今中外的"视界融合",从而把握今天的时代问题,解释人类的当代世界,这,又是我们的"大幸"! 由此出发,回顾20世纪,其中以西方生命美学思潮作为参照背景对中国美学予以现代诠释,应该说,就是一个最为值得关注而且颇值大力开拓的思路。何况,从王国维到鲁迅、宗白华、方东美,再到当代的众多学人,无疑也都走在这样一条思想道路之上。他们都是从生命存在本身出发而不是从理性或者神性出发去阐释生命存在的意义,并且以审美与艺术作为生命存在的最高境界;或者,都是把生命还原为审美与艺术,并且进而在此基础上追问生命存在的意义。也因此,他们也都是不约而同地一方面立足于中国古代的生命美学,一方面从西方的生命美学思潮起步。至于朱光潜,在晚年时则曾经公开痛悔,因为他的起步本来就是从叔本华、尼采开始的,但是,后来却因为胆怯,而转向了克罗齐。由此,我甚至愿意设想,以朱先生的天赋与造诣,如果始终坚持一开始的选择,不是悄然退却,而是持续从叔本华、尼采奋力开拓,他的美学成就无疑会更大。换言之,"后世相知或有缘"(陈寅恪),"生命为体,中西为用",在中国当代美学的历史抉择中,也就理所当然地成为了一条首先亟待考虑的康庄大道。西方生命美学思潮,是西方美学传统的终点,又是西方现代美学的真正起点,既代表着对西方美学传统的彻底反叛,又代表着对中国美学传统的历史回应,这显然就为中西美学间的历史性的邂逅提供了一个契机。抓住这样一个契机——中国美学在新世纪获得新生的一个契机,无疑有助于我们真正理解西方美学传统,也无疑有助于我们真正理解中国美学传统,更无疑有助于我们真正地实现中西美学之间的对话,从而在对话中重建中国美学传统。同时,之所以提出这一课题,还无疑是有鉴于一种对于学术研究自身的深刻反省。学术研究之为学术研究,重要的不仅仅在于要有所为,而且更在于要有所不为。每个时代、每个人都面对着历史的机遇,但是同时也面对着历史的局限。因此,也就都只能执"一管以窥天"。这样,重要的就不是"包打天下",而是敏捷地寻找到自己所最为擅长的"一管",当然也是最为重要的"一管"。西方生命美学思潮作为阐释背景的出现,应该说,就是这样的"一管"(尽管,这或许是前一百年无法去执而后一百年也许就不必再去执的"一管"),也是我们在跨入新世纪之后所亟待关注的"一管"。这就犹如中国人接受佛教思想的影响,犹如吃了一顿美餐,而且这顿美餐竟然被中国人吃了一千年之久。其中,最为重要的成果则是佛教思想中的大乘中观学说在中国开出的华严、天台、禅宗等美丽的思想之花。因此,在比拟的意义上,我们甚至可以说,西方生命美学思潮就正是当代的大乘中观学说,也正是悟入中国思想与西方思想之津梁。这样一来,对于西方生命美学思潮的深入了解,也就成为了当务之急。而且,"生命为体,中西为用",进而言之,中国生命美学传统与西方生命美学思潮之间的对话,在我看来,起码就包括三个层面。首先是对于西方生命美学思潮与中国生命美学传统之间的内在的交会、融合、沟通加以历史的考察,亟待说明的是:在明显不同的社会历史、文化传统、思想历程中,西方生命美学思潮何以呈现出与中国生命美学传统的某种极为深刻的内在的交会、融合、沟通? 其次是对于西方生命美学思潮与中国生命美学传统之间的内在的交会、融合、沟通加以比较的研究,从而把中国生命美学传统与西方生命美学思潮各自在过去的阐释背景中所无法显现出来的那些新性质充分显现出来,做到:借异质的反照以识其本相,并彰显其独特之处。最后是对于西方生命美学思潮与中国生命美学传统之间的内在的交会、融合、沟通加以理论的考察,并由此入手,去寻求中西美学新的可能性和新的道路,从而深化对于中国美学和西方美学的理解,达到古今中外的"视界融合",以把握今天的时代问题,解释我们的世界,为解决当代美学所面临的共同问题做出独特贡献。"西方生命美学经典名著导读丛书"的出版之初衷也正是如此! 中国生命美学传统与西方生命美学思潮之间的对话无疑是一个大工程,非一日之功,也不可能毕其功于一役。为此,作为基础性的工程,我们所选择的第一步,是出版"西方生命美学经典名著导读丛书"。这是因为,只有经典名著,才是美学研究中的"热核反应堆",也只有经典名著的学习,才是美学研究中的硬功夫。这就正如费尔巴哈所说:人就是他吃的东西。因此,每个人明天所成为的,其实也就是他今天所吃下的。也犹如布罗姆所说:莎士比亚与经典一起塑造了我们。借助经典名著,中国的美学与西方美学也在一起塑造着我们。它们凝聚成了我们的美学家谱与心灵密码。在此意义上,任何一个美学学人都只有进入经典名著,才有机会真正生活在历史里,历史也才真正存在于我们的生活里,未来也才向我们走来。我们的具体做法,则是选取西方的二十位与西方的生命美学思潮直接相关的著名美学家的经典名著,再聘请国内的二十位对于相关的名家名著素有研究的美学专家,为每一部经典名著都精心撰写一部学术性的导读。我们期待,借助于这些美学专家的"导读",能够还原其中的所思所想、原汁原味,能够呈现其中的深度、厚度、广度和温度,并且希望能够跟读者一起去关注这些西方的生命美学经典名著怎样提出问题(美学的根本视界,所谓美学的根本规定)、怎样思考问题(美学的思维模式,所谓美学的心理规定)、怎样规定问题(美学的特定范式,所谓美学的逻辑规定)、怎样解决问题(美学的学科形态,所谓美学的构成规定),也希望能够跟读者一起去关注这些西方的生命美学经典名著是如何去表述自己的问题、如何去论证自己的思考,乃至其中的论证理由是否得当、论证结构是否合理,当然,也还希望跟读者一起去关注这些西方的生命美学经典名著中所蕴含的思想与创见,以及这些思想与创见的价值在当今安在。从而,推动着我们当代的生命美学研究能够真正将自己的思考汇入到人类智慧之流,并且能够做出自己的真正的独创。毕竟,就这些生命美学经典名著本身而言，它们都是所谓的问题之书，也是亘古以来的生命省察的继续。也许，在它们问世和思想的年代，属于它们的时代可能还没有到来。它们杀死了上帝，但却并非恶魔；它们阻击了理性，但也并非另类。它们都是偶像破坏者，但是破坏的目的却并不是希图让自己成为新的偶像。它们无非当时的最最真实的思想，也无非新时代的早产儿。它们给西方传统美学带来的，是前所未有的战栗。在它们看来，敌视生命的西方传统美学已经把生命的源头弄脏了，恢复美学曾经失去了的生命，正是它们的天命。也因此，我们或许可以恰如其分地称它们为：现代美学的真正的诞生地和秘密。在上帝与理性之后，再也没有了救世主，人类将如何自救？既然不再以上帝为本，也不再以理性为本，以人为本的美学也就势必登场。这意味着从"理性的批判"到"文化的批判"，也从"纯粹理性批判"到"纯粹非理性批判"，显然，这些生命美学经典名著提供的就是这样的一种全新的美学，它们推动着我们去重新构架我们的生命准则，也推动着我们去重新定义我们的审美与艺术。需要说明的是，长期以来，我们的西方美学研究往往是教材式的、通论式的、概论式的，当然，这对于亟待了解西方美学发展进程的中国当代美学学人来说，也是必要的，但是，其中也难免存在着"几滴牛奶加一杯清水"或者"三分材料加七分臆测"的困境，更每每事先就潜存着"预设的结论"，更不要说那种"狗熊掰棒子，掰一个丢一个"的研究路数或者那种为研究而研究、为课题而研究的研究路数了,那其实已经是学界之耻。至于其中的根本病症,则在于忘记了或者根本就不知道西方美学研究首先要去做的必须是"依语以明义",然后,才能够"依义不依语",也因此,长期以来,我们的西方美学研究往往进入不了美学基本理论研究的视野,也无法为美学基本理论研究提供应有的支持。因为我们的西方美学研究与我们的美学基本理论研究基本上就是完全不相关的两张皮,也是两股道上跑的车。这一点,在长期的美学基本理论研究工作中,我有着深刻的体会。值得期待的是,从西方生命美学思潮的经典名著本身的阅读、研读、精读开始,而不是从关于西方生命美学思潮的经典名著的种种通论、概论开始,从"依语以明义"开始,而不是从"依义不依语"开始,也许是一个令人欣慰的尝试。维特根斯坦曾经提示我们:"我发现,在探讨哲理时不断变换姿势很重要,这样可以避免一只脚因站立太久而僵硬。"在此,我们也可以把它作为在美学研究中"不断变换姿势很重要"的一次努力,也作为意在"避免一只脚因站立太久而僵硬"的一次努力。"生命为体,中西为用"!在未来的中国当代美学探索中,请允许我们谨以"西方生命美学经典名著导读丛书"的出版去致敬中国当代美学的未来!是为序!

2021.6.14,端午节,南京卧龙湖,明庐

目 录

"生命为体,中西为用"
——"西方生命美学经典名著导读丛书"序言/潘知常 …… 1
前言 …………………………………………………… 1

上篇｜爱的发问

第一章　爱的时代危机 ………………………………… 3
　第一节　二次世界大战对欧洲的精神重创 ………… 5
　第二节　法兰克福学派对资本主义的批判 ………… 11
　第三节　美国20世纪50年代大众消费时代 ……… 16
第二章　弗洛姆爱的理论贡献 ………………………… 22
　第一节　古典哲学家的观点 ………………………… 23
　第二节　爱的现代主义哲学启蒙 …………………… 33
　第三节　弗洛姆与爱的认知革命 …………………… 43

下篇｜《爱的艺术》导读

第一章　爱与存在 ……………………………………… 55
　第一节　走出伊甸园的人 …………………………… 56

第二节　逃避疏离 …………………………… 62
　　第三节　爱是人类存在的唯一 ………………… 70
第二章　母爱与爱的能力 ………………………………… 83
　　第一节　儿童爱的能力的发展 ………………… 83
　　第二节　爱的对象的发展 ……………………… 93
　　第三节　母爱 …………………………………… 98
第三章　博爱与爱的社会 ……………………………… 105
　　第一节　博爱 ………………………………… 105
　　第二节　爱的本质 …………………………… 110
　　第三节　爱的社会建设 ……………………… 120
第四章　性爱与爱情 …………………………………… 131
　　第一节　性爱与真爱 ………………………… 132
　　第二节　爱情异化 …………………………… 144
　　第三节　病态的爱情 ………………………… 152
第五章　自爱与人的全面发展 ………………………… 162
　　第一节　人的健全 …………………………… 163
　　第二节　自爱 ………………………………… 169
　　第三节　爱的培育 …………………………… 174
　　第四节　爱的能力的培养 …………………… 183
第六章　神爱与信仰 …………………………………… 194
　　第一节　从母系到父系的宗教 ……………… 195
　　第二节　东西方哲学对神爱的理解差异 …… 203

第三节　西方宗教的衰落 ·················· 212
　　第四节　爱与信仰 ························· 220
主要参考文献 ···································· 228
附录一　作者生平介绍 ·························· 232
　（一）作者简介 ································ 232
　（二）弗洛姆的传记故事 ······················ 233
附录二　《爱的艺术》的故事 ···················· 254
　（一）《爱的艺术》的英文目录与翻译 ·········· 254
　（二）《爱的艺术》在中国 ······················ 256
　（三）《爱的艺术》与弗洛姆的爱情 ············ 257
　（四）《爱的艺术》的经典名言 ················· 260

前　言

《爱的艺术》是20世纪50年代以来全世界最畅销的书籍之一，也是迄今为止爱的研究专著中最著名的作品之一。作者弗洛姆是一名德裔美籍的精神分析学家，他是美国最具影响力和最受欢迎的精神分析学家之一，同时也是"弗洛伊德主义的马克思主义"的主要代表和法兰克福学派第一代核心成员。

弗洛姆著作丰厚，其他具有重要社会影响的代表作品还有《逃避自由》《健全的社会》《马克思论人》《占有还是生存》等。他的作品中融汇着多种宗教理论和20世纪主要的哲学思想。人道主义伦理传统、马克思与弗洛伊德的伦理思想、法兰克福学派的社会批判理论、犹太教理论、禅宗等是弗洛姆思想的主要来源，但他更善于从不同的理论中汲取精华，对西方资本主义社会下产生的政治、社会和文化的各种现实问题、矛盾和危机做批判思考。与弗洛伊德有本质不同的是，弗洛姆关注社会和文化对人性的建构，而不是力比多的驱动，他认为人性根植于人类生存的矛盾之中，是人的自然属性和社会属性的统一,人类个性的形成是人类社会理性发展而不断产生孤独感的必然结果。为了解决资本主义社会的许多弊病,医治孤独疏离的病态社会,弗洛姆提出通过改善人的心理,改变社会的性格结构,发展人的爱的能力,来建设一个友爱、互助、没有孤独感的社会。弗洛姆精通马克思理论,并将之作为对资本主义社会现象的重要批判手段。弗洛姆十分关注资本主义社会对人的异化及对人的性格结构和社会性格的影响,在他的多个作品中都对此做过深刻的批判。弗洛姆融合了马克思与弗洛伊德的观点,他既承认人的动物性,又强调人的社会性,他力图克服和超越弗洛伊德泛性主义的悲观道德观,并突破马克思强调人的社会性的局限性,综合马克思的宏观社会理论和弗洛伊德微观心理分析理论,建立新人道主义伦理学体系。

《爱的艺术》是弗洛姆对西方爱情衰亡现实问题的思考,也体现了他人本主义伦理的思想。书中的一些观点在《逃避自由》《自我的追寻》和《健全的社会》中都有阐释。在《爱的艺术》中,弗洛姆的重要突破在于他发展了爱是一种需要学习和实践的能力的观点,并借鉴了禅宗的一些观点和修行方式,为读者呈现了一条清晰可靠的自我提升的道路。弗洛姆将爱提升到信仰的层面,呼吁人类社会结构的变革。只有当爱的能力要成为人基本生活的一部分,人类才能培育一个适于爱生长的令人类满意的社会。弗洛姆认为所有时代和文化中的人,都面临着完全相同的问题:如何克服人与人之间的分离,如何达到和谐,如何超出个人生活并发现一致?答案唯有爱,唯有爱才能够超越知识、思想,实现人类完全的一致,达到人与人、人与宇宙的结合。现代西方社会不仅难以找到爱情,也很难找到健康的母爱和博爱。这与人们对爱的认识不正确有关,更深一层是对何为爱、爱的本质认识不正确。弗洛姆坚持认为爱是对生命和成长、喜悦和自由的一种肯定,而喜悦和自由存在于社会的各种人际关系和全人类中。弗洛姆区分了博爱、母爱、性爱、自爱和神爱,他认为所有的爱中都含有博爱的成分,即使性爱是在肉体和灵魂上与一个人完全的结合,其基础仍然是对人的博爱,他坚称爱是一种态度,一种对所有对象包括自己的态度。

在《爱的艺术》中,弗洛姆深刻地批判了促进资本主义社会发展的基础——政治自由和市场交易,并认为这是人们性格异化的肇始。资本的不断集中导致了人的独立性丧失,使爱情沦落为一种人格市场的交易行为。人们对物欲贪婪的消费欲望渗透在爱情的态度里,所有的一切,无论是精神的还是物质的,都成为一场交易。这一异化的性格结构导致了爱情成为西方社会的稀缺产物。摆脱异化的状态,人就要实践和培育个人爱的能力。弗洛姆认为人们需要具备纪律、专注、耐心和兴趣,学习训练自己保持清醒、克服自恋,不断地培养自己的谦恭、客观性和理性的品格,并且必须在日常生活中在同世界和自己的关系中发展出一种创造性的倾向,不断成熟和完善自我。借鉴禅宗的觉悟观,弗洛姆认为我们对自己的觉悟和成熟体验得越深,我们的信仰程度就越高,爱是一种信仰的行动,是一项依靠勇气支持的积极的活动。人们要把爱作为一种信仰,在爱的信仰中生活,要热爱生命、创造性地生活,要有勇气承受风险和准备受到痛苦与失望。

《爱的艺术》与其他谈论爱情的书籍不同,即使书中谈到了爱的实践,弗洛姆也未对如何进行爱的行动提供策略方法,他更侧重从精神分析的立场出发来回答爱与人类存在的哲学命题。《爱的艺术》算不上一本很专业的学术书籍,弗洛姆回避了艰涩难懂的心理学术语,以一种通俗易懂又风趣的语言,让人能够一口气读完,但它又绝不是心灵鸡汤类的书籍,仅仅为了抚慰人们的精神。它带着一股生命的力量,能予人以心灵的震动和启发。欧洲的人们曾经对爱充满悲观,惋惜派认为,爱的真谛已经消失在行吟诗人和浪漫主义作家之间的某个时代;颠覆派则相信,只有当人类摆脱资本主义的浮华,摆脱最后的枷锁,真爱才会到来。在《爱的艺术》之后,人们认识到真爱是一种创造性的艺术品,只要我们愿意发展自己的爱的能力,我们不仅能够得到真爱,也一定会带来社会结构的变革。

时隔60多年,当下中国正在进行新时代的社会转型,物质的极大丰盛与人们对美好生活的向往之间还存在着巨大的差距,人们的精神世界亟待滋养,社会迫切呼唤爱与和谐的重建。打开《爱的艺术》,相信弗洛姆独到的见解、震动灵魂的话语,一定能够引发中国读者们的共鸣。因为爱的确是一门艺术,值得我们用一生来追求和实践!

上篇 | 爱的发问

第一章　爱的时代危机

马拉美说:"一切思想都引发出骰子的一掷。"思想家每掷一次骰子,世界就为之一震。100年前,在怀特岛和达温宅写作的时候,达尔文就预见,20世纪末和21世纪初,爱的主题会在他的科学继承人那里再度兴起,因为他相信进化的主要推动力是爱而不是"自私基因"[①],这一事实却被那个时代别有用心的人故意忽略了。尽管错过了一个世纪,但关于爱的发问,人们一直都未曾停止。爱是什么?它缘何能够推动人类的进化?爱又是什么,它缘何拥有让人不可抗拒的力量?爱究竟又是什么,它缘何又能让人类情愿为之付出生命?从远古以来,人类就认识到爱是一个严肃的生存问题,它与人类的命运息息相关。人类关于爱的研究书籍,早已卷帙浩繁。从柏拉图开始,大哲学家、文学家和艺术家,几乎无人不涉足爱的乐园。没有爱,无人能够生活片刻;没有爱,无

---

① [美]大卫·落耶:《达尔文:爱的理论——着眼于对新世纪的治疗》,单继刚译,社会科学文献出版社2004年版,第21页。

人能够问鼎伟大。《爱的艺术》,全书只有6万—7万字,写成于1956年,出版后一直畅销,被翻译成30多种国家的语言,迄今仍盘踞世界图书排行榜前列,影响着全世界的人们对爱的理解,弗洛姆也被后人誉为爱的先知,成为那个时代最闪亮的思想家之一。

20世纪最伟大的哲学家海德格尔在《存在与时间》中说过:"任何发问都是一种寻求。任何寻求都有从它所寻求的东西方面而来的事先引导。发问是在'其存在与如是而存在'(Das-und Sosein)的方面来认识存在者的寻求。"[①]当我们开始发问,《爱的艺术》何以成为20世纪最著名的爱的经典名著之一时,就有必要对弗洛姆的生平及20世纪前半叶的重大社会经济背景做回溯,以了解这本小书如何成了时代的最强音。

艾里希·弗洛姆,著名德裔美籍心理学家、精神分析学家、哲学家。1900年生于德国法兰克福犹太人家庭,1922年获德国海德堡大学哲学博士学位,是20世纪20年代"法兰克福学派"的重要成员。1932年纳粹政府上台,弗洛姆担心遭到迫害,于1934年赴美从事心理咨询工作,同时他还在哥伦比亚大学等学术机构讲学,并先后执教于墨西哥国立大

---

① [德]海德格尔:《存在与时间》,陈嘉映、王庆节合译,生活·读书·新知三联书店1999年版,第6页。

学、密歇根州立大学等高校。1980年,弗洛姆病逝于瑞士洛伽诺。《爱的艺术》是弗洛姆继《逃避自由》(1941)、《心理分析》(1954)、《健全的社会》(1955)、《现代人及其未来》(1955)之后的一本畅销书。阅读《爱的艺术》有三个重要的社会、经济与文化的背景不可忽略。

第一节 二次世界大战对欧洲的精神重创

1914年7月28日—1918年11月11日,欧洲爆发了第一次世界大战。这是人类有史以来第一次爆发的世界性战争,几乎将整个欧洲变成废墟。这也是欧洲历史上破坏性最强的战争之一,大约有6500万人参战,1000万人丧生,2000万人受伤,另有1000多万人因饥饿和瘟疫死去,经济损失高达3400多亿美元。在一战中死亡的人数相当于过去1000年间欧洲发生的所有战争中死亡总人数的2倍。[①] 这次战争的基本矛盾有三对,即法德矛盾、俄奥矛盾和英德矛盾。第一次世界大战结束签订的《凡尔赛和约》中明确指出,战争的直接原因是"德国及其同盟国的侵略",但导致战争的原因有五个方面:经济竞争、殖民争夺、冲突的联盟体系、不

[①] 人民教育出版社历史室编著:《世界近代现代史》,人民教育出版社2000年版,第129页。

可调和的民族主义和不可逆转的军事时间表。

欧洲信仰的危机

历史学家斯塔夫里阿诺斯这样评论这场战争对西方世界的重大影响:"1914年以来的世界史既是西方的胜利史,也是西方的衰落史。"[①]战争不仅造成了严重的经济损失,还对人性的信仰、个体尊严和人类团结造成了极大的破坏。1914年7月,英国对德宣战的那个夜晚,英国外交大臣格雷遥望着伦敦街头闪烁的灯光,曾十分沮丧地说:"整个欧洲的灯火都在熄灭,我们此生都看不到它们再亮起来了。"战争带来的破坏性,让人们对资本主义社会的政治、社会和经济制度开始强烈不满和反抗,所有现存的政治、社会和经济方面的秩序都受到了欧洲各地广大人民的怀疑。人们失去了在战前对资本主义社会的乐观主义,甚至对诞生于西欧的曾经引以为豪的民主、自由、平等等观念也产生了怀疑。欧洲人因战争的浩劫而丧失斗志,失去信心,忧心忡忡,充满了幻灭感和危机感。旧秩序在欧洲大陆各地遭遇挑战,在革命危机中,许多欧洲人都转向美国的威尔逊和苏俄的列宁。

第一次世界大战是弗洛姆人生中最为重要的体验。战

---

① [美]斯塔夫利阿诺斯:《全球通史:从史前史到21世纪》,陈继静译,何顺果审校,北京大学出版社2013年版,第263页。

争爆发时,他14岁,是法兰克福市沃勒中学的一名学生。尽管并未参战,但是学校的师生们深受战争的影响。随着战争的升级,激进的观点四处流传。沃勒中学一直号称的对古典著作中人道主义的推崇都变成了谎言,大多数人变成了"狂热的民族主义者和反动分子"。激进分子将战争归因于英国的欺骗和德国的无知,丝毫不肯面对德国的战败。这场战争给弗洛姆留下了与亲人生离死别的痛苦,他的一些叔伯、堂兄弟以及年长的校友和朋友都死在了战场上。目睹战争的伤员和报告,弗洛姆对人类的非理性行为感到深深的迷惑,他反复思考:"人们怎么可能不断地杀人与被杀呢?""为什么会发生战争?"1918年战争结束,弗洛姆18岁,他迫切希望了解人类群体行为的非理性,渴望和平和国际间的相互谅解。

社会运动兴起

与此同时,以马克思为代表的社会主义的理想和观念在一战期间得到发展,欧洲的大学纷纷开设马克思主义理论、社会运动等课程,关于人道主义与民族主义的研讨在欧洲思想界流行,人道主义与和平主义思潮盛行一时。勒庞的《乌合之众》唤醒了人们对战争的反思,采用马克思主义对资本主义社会进行批判的法兰克福学派,在学术界声名鹊起。一战后,妇女解放运动开始兴起,运动不仅要求性别平等,也要求男女之间生命权力平等,同时也要求妇女享有公民权、政治权利，反对贵族特权、一夫多妻，强调男女在智力上和能力上没有区别的平等。在一战中，英国的女性做出了突出的贡献，有80万名妇女被召进兵工厂里工作，一战后在各方运动的呼吁下，英国女性率先获得了投票权。大战推动了海外殖民地的独立运动。数百万计的殖民地人作为士兵或劳工参战，残酷的争斗破坏了白人殖民主的美梦，士兵和劳工们返回家园之后不再像之前一样对殖民主那么恭顺，不再把他们对有色人种的统治视为天经地义，"民族自觉"的思想逐渐传播开来。土耳其、中东、印度和中国都爆发了反对殖民主义的运动。

人性的泯灭与独裁主义

20世纪20年代，欧洲在革命与反革命的斗争中艰难发展，直到20世纪20年代末，社会秩序才慢慢恢复。20世纪30年代是萧条、危机和战争的10年。德国、日本决意修改"一战"和约，并重整军备，扩大对外侵略。英国、法国及其他大陆盟国主张维持现状，德国、意大利和日本要求改变世界格局。刚刚取得胜利，因五年计划获得强大的苏联变得日益重要。在各方力量的摩擦下，第二次世界大战爆发了。从1939年9月1日开始到1945年9月2日结束，战争持续六年，在世界范围内产生了史无前例的重创。战争范围从欧洲到亚洲，从大西洋到太平洋，先后有61个国家和地区、20亿以上的人口被卷入战争,作战区域面积超2200万平方千米。据不完全统计,战争中军民共伤亡9000余万人,经济损失达五万多亿美元,是人类历史上规模最大的世界战争。法西斯主义的极端恐怖统治,对犹太人的大屠杀以及生化武器、原子弹在战争中的应用令世界震惊。二战中美国对日本投放原子弹,直接造成了广岛市当日34万多人中的13.9万余人死伤,长崎市27万人口中的6万余人当日死亡,[1]在接下来的时间里由于核辐射,伤病、死伤者总共在40万左右。

人性的泯灭和独裁主义制造了20世纪人类的痛苦,也成为困扰思想家们的难题。二战期间,一大批对纳粹主义心理和行为分析的经典作品涌现。芒福德在《生之信念》中认为,纳粹主义的真正根源在"人的灵魂,而不在经济""法西斯主义的产生并非因为《凡尔赛合约》和魏玛共和国的软弱无能,而是因为目空一切的骄傲、嗜好残忍、精神分裂"。[2] 1941年,弗洛姆出版了他社会心理学里程碑式的著作《逃避自由》,在书中他认为人们对自由的逃避机制形成了施虐癖和受虐癖的社会性格结构,纳粹吸引力的心理基础就是这种施

---

[1] 凤凰网:《1945年8月6日美国在日本广岛投掷原子弹》,2009年8月6日,转引自人民网,http://news.ifeng.com/history/today/200908/0806_7187_1287011.shtml,2021年4月5日。

[2] L.芒福德:《生之信念》,转引自[美]艾里希·弗洛姆:《逃避自由》,上海译文出版社有限公司2015年版,第137页。

虐受虐狂的权威主义性格。希特勒的人格、理论以及纳粹制度都是所谓"权威主义"性格结构的极端体现方式之一,他正是靠这个事实,强烈地吸引了那些多少有相同性格的人。①

存在的反思

人类付出惨重的代价,换来了二战反法西斯主义的胜利,第二次世界大战彻底削弱了欧洲的全球霸权,20年内欧洲大帝国几乎全部消失,但权威主义、种族主义、核武器的应用令全世界人民感到惊恐。在遭受了近五分之一因为种族、宗教、政治上"不受欢迎"而被"灭绝"的人类的相互残杀之后,和平并没有完全到来,战后全球很快出现两大明显的趋势——殖民地革命和冷战。不过,二战彻底唤醒了人民的和平意识和对资本主义社会的清醒认识,在高涨的社会主义和民族解放运动中,不少新独立的亚非拉国家选择了"非资本主义道路",出现了各种牌号的社会主义。在社会主义的强大攻势面前,资本主义世界风雨飘摇,不得不对资本主义国家的经济和政治制度进行调整和改善。面对未来,在西方社会的青年知识分子中出现了一股忧郁、悲观、失望、苦闷的情绪,这种情绪激起了一种玩世不恭、放荡不羁的风尚——标

---

① [美]艾里希·弗洛姆:《逃避自由》,刘林海译,上海译文出版社有限公司2015年版,第146页。

榜个人的自由和存在。对于人的存在的讨论,在西方思想界掀起了热潮。存在与虚无,成为20世纪最重要的哲学命题。和平与发展,人类的未来与命运,成为各个领域学者最关心的话题。

第二节 法兰克福学派对资本主义的批判

国家垄断资本主义

19世纪中期第二次工业革命促成了电器的广泛使用、内燃机的发明以及通讯事业的发展,宣告西方社会由此进入"电气时代"。机械化的大面积应用让社会面貌发生了翻天覆地的变化,资本主义也逐步确立起对世界的统治,成为世界经济中占主导地位的生产方式和经济形态。19世纪末到20世纪初,科技革命迅猛推动欧美国家工业迅速发展,促使资本主义由自由竞争资本主义向垄断资本主义转变。在经济方面,1885—1914年间,英、德、美的工业生产大幅度增长,美国甚至达到了44.7%。随着生产社会化程度的提高,企业的规模不断扩大,组织形式也发生了重大变化,出现了现代股份公司和托拉斯、卡特尔等垄断组织。在政治方面普选制在主要资本主义国家开始推行,工会组织合法化,欧洲某些社会主义政党通过议会选举,获得了一定的选票和议席。

到1929年，一场史无前例的世界经济危机爆发了，从美国开始迅速波及整个资本主义世界的银行业、工业、商业以及本来就处于困境中的农业。1929—1933年危机期间，欧美国家的经济损失高达2600多亿美元，工业生产下降了37.2%，数万家银行倒闭、数十万家企业破产，3000万人失业。一方面因生产过剩而毁掉产品，另一方面广大人民却在忍饥挨饿，甚至冻死在街头。严重的经济危机导致社会矛盾尖锐化，社会主义运动风起云涌，使得资本主义社会不得不做出回应。[①] 以"罗斯福新政"为代表，各主要资本主义国家进行了反思，为了避免大规模的经济危机，国家出面干预经济的力度加大，在二战后垄断资本主义发展成为国家垄断资本主义。

法兰克福研究中心成立

资本主义制度的种种漏洞和缺陷，激起了学术派对资本主义社会强烈的批判。在1918—1919年德国革命和1919年匈牙利革命起义失败之后，马克思主义运动中出现了两种理论分裂，一种以伯恩斯坦为代表的社会民主主义理论，另一种是以列宁为代表的社会革命理论，前者为西方马克思主义

---

① 罗文东：《20世纪资本主义的发展变化》，载《科学社会主义》2001年第2期，第11—14页。

流派。1923年2月3日,法兰克福研究中心在新建不久的法兰克福大学成立,政治经济学教授格律恩堡出任所长。他站在社会主义立场,主张以从事社会主义与工人运动史研究为该所的发展方向,把该所办成东西方马克思主义的联结点。1930年,霍克海默担任研究所长,他吸收了哲学家、经济学家、心理学家、政治学家、历史学家和文艺理论家进所,并明确表明批评理论是研究所的独特标志。在担任所长之前,他就期望借此从一种关注非人性经济因素的永远乐观和教条的马克思主义,转向一种对现代资本主义文化的无情批判式否定。霍克海默认为,批评理论是一种无休止的、无情的智力交火,它以持续的但不均衡的方式暴露了资本主义的断层。精神分析思想是为了使马克思主义更具有批判性、更加锋利,或者是保留其批判性和先锋性。[1] 法兰克福学派的重要理论武器是马克思的"异化"理论和卢卡奇的"物化"理论;同时,他们的思想还受到了黑格尔、康德、弗洛伊德和浪漫主义等众多西方哲学思潮的影响。

马克思的异化理论

所谓"异化"是人类创造的东西反过来控制人类的状态。

---

[1] [美]劳伦斯·弗里德曼:《爱的先知:弗洛姆传》,郑世彦、计羚译,北京:中国友谊出版公司2019年版,第43页。

换而言之,他本是劳动产品的主人,但劳动产品却骑在了他的头上,成了他的主人。在《1844年哲学经济学手稿》中,马克思认为异化劳动"不仅意味着他的劳动成为对象,成为外部的存在,而且意味着他的劳动成为一种与他相异的东西,不依赖于他而在他之外存在,并成为同他对立的独立力量,意味着他给予对象的生命是作为敌对的和相异的东西同他对立。"[①]马克思在《手稿》中,论述了劳动异化的四种形式或规定性,即劳动产品的异化、劳动活动本身的异化、人类的本质的异化和人与人的异化。法兰克福学派高度评价了马克思的异化理论,认为这是马克思学说中的核心思想。但是,他们同时也认为,马克思异化理论的重点是在生产过程中的异化,而在西方社会这已经不再是最主要的异化,现代西方主要的异化是消费异化。不仅如此,他们还强调异化的"多面性和无所不在性",认为异化不但表现在生产过程、生产关系和意识形态之上,还表现在人和自然以及人和自身的关系之上。在马克思的异化理论下,法兰克福学派开拓出霍克海默的理性异化理论、马尔库塞的总体异化理论、弗洛姆的人性异化理论、哈贝马斯的交往异化理论、芬伯格的技术异化理论等,从时代出发对资本主义社会和文化进行了深刻的批判。

---

① [德]马克思:《1844年经济学哲学手稿》,中共中央马克思恩格斯斯大林列宁著作编译局译,人民出版社2000年版,第53页。

卢卡奇的物化理论

法兰克福学派另一个重要的理论是"物化"理论,来自西方马克思主义的创始人卢卡奇。与马克思的异化理论在本质上是一致的,物化理论瞄准的也是资本主义制度下现代人的存在困境和资本主义的非人性。卢卡奇在《历史与阶级意识》中提出"物化"的概念,它是指商品中人与人的关系表现为物与物的关系,即人为物役(驱使),人变得现实化、机械化、物质化。卢卡奇认为物化是资本主义社会分工日益精细化的必然普遍现象,并且已经渗透在整个社会生活中和人们的意识结构中。人们已经将资本主义制度看作固定的、当然的东西,只是顺从地适应,而不采取批评与改造的态度,这就是物化意识的表现。它与无产阶级的阶级意识、与辩证法的总体性思想是根本对立的,物化意识的形成会让人们把现存的不合理的东西都看作合理的、必然的,社会机械化会抹杀人的创造力,对工作的热情以及个人的理想。卢卡奇发现,国家机构分工越细、越合理,那么它的物化也就越严重,资本主义的国家制度不是在减弱物化的结构,而是在强化这种物化意识。卢卡奇认为,物化意识是一种虚假意识,因为它用表面现象掩盖了真实本质,用物的关系掩盖了人的关系。要克服物化意识,必须运用辩证法的总体性思想,认识整个资本主义社会的内在矛盾,透过物化现象来发现人本身。

法兰克福学派继承并发扬了异化和物化的理论，并将它们应用在一切束缚人和统治人的异化力量或物化力量的批判上。他们的社会政治观点在霍克海默、阿多诺、马尔库塞、哈贝马斯等人的著作中都有集中表现。受二战影响，20世纪40年代法兰克福研究所被迫迁到美国的加利福尼亚大学，重点以法西斯主义、大众文化等为研究对象。1949年，霍克海默、阿多诺等回到法兰克福大学，重建社会研究所，马尔库塞、弗洛姆等留在了美国。20世纪60年代起，法兰克福学派成为西方哲学社会学重要流派之一，并在美国和西欧的知识青年中得到较为广泛的传播，他们对资本主义社会和消费主义社会的强烈批判，与世界蓬勃的民族解放运动、反战运动等共同开启了1968年法国的"五月风暴"。

第三节　美国20世纪50年代大众消费时代

20世纪50年代，西方国家对垄断资本主义进行了巨大的调节和改良，缓和了阶级矛盾，同时吸收和利用了新科技革命的最新成果，让经济再次快速推进，社会进入了稳定发展的"黄金时期"。据有关统计资料显示，在1950—1970年间，西方发达国家的年均失业率大多降到5%以下；战后的20多年工人的收入和生活水平提高的幅度远远大于战前的一个世纪。一度被视为奢侈品的洗衣机、电冰箱、电视机和小汽车等高档消费品开始大量进入工人家庭。发展经济学家罗斯托和新制度经济学家加尔布雷思据此断言,西方发达国家已进入"大众消费的时代"和"富裕的社会"。由于机械化的大量使用,产业工人的数量逐渐减少,美国早在1956年白领工人就超过了蓝领工人。与此相适应,西方发达国家的产业结构也发生了重大变化,第一产业即农业在经济中所占比重大大下降,已不到3%,第二产业即制造业所占比重有升有降,大多保持在30%~40%,第三产业即服务业的比重则迅速提高到60%以上。[1]

消费主义盛行

美国在二战中本土遭受战争的影响较小,二战结束后美国人对经济前景抱着乐观主义情绪。洗碗机、电冰箱、吸尘器的大量普及将妇女从繁重的家务劳动中解脱出来,使她们有机会参与鸡尾酒会等消费性社交活动。与此同时,大众媒体工业和奢侈品品牌迅速崛起,"迪奥"和"香奈儿"之类的品牌引领着化妆品的时尚,"卓丹"把高跟鞋的样式做到了极致。类似《读者文摘》的杂志社,有近50家发行量突破100万份。杂志和报纸等媒体拼命把广告灌输给大众,激发他们

---

[1] 罗文东:《20世纪资本主义的发展变化》,载《科学社会主义》2001年第2期,第11—14页。

的消费欲望。1957年出版的《隐藏的诱因》一书的作者认为战后的消费主义盛行是广告商们鼓动的结果。这本书中提到百老汇一幕剧的场景:主人公的儿子呼喊着"我要的东西很多,简直要疯了……金钱就是生命"。① 此外,电视机走入众多的美国家庭也是战后消费主义盛行的重要原因之一。1940年,美国古尔马研制出机电式彩色电视系统。1946年,美国第一次播出全电子扫描电视,从此电视进入电子扫描时代。随着社会重建活动的大范围开展,轻松欢悦的娱乐项目也如春笋般地涌现,电影明星大放异彩,引导着人们的生活方式。电视台播放着《我爱露西》《度蜜月的人》等美国人理想生活方式的节目。马尔库塞说,这个时候的美国人普遍具有"幸福意识":人们"最流行的需求包括:按照广告来放松、娱乐、行动和消费……"②,所有的人在汽车、房屋的消费中寻找自己的灵魂。商品广告和信用消费也给美国人带来了新的生活方式和新的价值观,分期付款改变了人们的消费观念。电视等大众传媒顺应资本主义经济发展的需要,为美国消费热潮的到来提供了充分的舆论宣传和引导。

资本主义的经济发展刺激了消费,"幻觉剂哄动"取代了

---

① 潘小松:《美国消费主义的起源》,载《博览群书》2004年第7期,第112—114页。

② [美]马尔库塞:《单向度的人——发达工业社会意识形态研究》,张峰等译,重庆出版社1998年版,第9页。

新教伦理,"经济冲动"代替了"宗教冲动",这使美国人对于生活的感觉方式发生了变化,社会结构也发生变化,[1]人们不再认为勤俭持家是美德了,新的文化意识形态是炫耀性消费而不是节俭,劳动与积累不再是目的,只是消费的手段,享乐才是根本。无论怎样,发端于福特主义的美国大众消费文化在20世纪50年代后期成了"现代资本主义的核心"。"人们在休闲、消费和感官满足中接受了新的消费方式和生活方式……现代消费主义文化悄然形成。"[2]

消费主义的渗透

"消费主义"是资本主义社会全面异化的根源,消费主义也异化了人们对待爱情的态度。20世纪50年代,美国的女权主义运动并没有取得突破性的进展。虽然1949年波伏瓦的《第二性》出版,成为新女权主义兴起的里程碑,在战后唤起女权主义的觉醒,但美国社会依然十分传统。在经济大萧条和二战之后,美国社会还不承认和接受妇女的平等地位,要求女性重新回到家庭的呼声很高。政府也并不鼓励女性的职场工作,许多地方的政府拒绝拨款建立托儿所,要求女

---

[1] [美]丹尼尔·贝尔:《资本主义文化矛盾》,赵一凡译,三联书店1989年5月版,第102页。
[2] 杨魁、董雅丽:《消费文化——从现代到后现代》,北京:中国社会科学出版社2003年12月版,第97—131页。

性从工作中回到家庭,完成自己的家庭责任。电视、广播、报纸则全力以赴塑造快乐、满足的家庭妇女形象,将结婚、生孩子视作女性唯一的生活目的和幸福源泉。尽管女性要求争取更多的工作权利、反对歧视女性、争取与男性平等收入等权利还未得到实现,但在女性解放上还是有了一些新的突破,女性是否生育被视为女性的基本权利逐渐得到社会的认可,对于已婚女性是否在家庭中虔诚、贞洁等道德的要求也开始减弱。在消费主义的渗透下,人们判断一个女性是否成功的标志,不再是其是否忠诚于家庭,而是能否以高消费来经营一个现代化、科学化的家庭。社会上不断强调妇女的自身幸福和自我价值只有在操持家务中才能实现,这成为占主导地位的女性观。青年男女对待爱情的态度在性解放和消费主义的夹击下,出现了爱情的消费主义倾向以及婚姻关系的危机。公平交易、个人利益、低成本、权利和避险等商业消费模式被应用到浪漫关系中。过去对很多人来说,婚姻是一种制度,但现在爱情和婚姻只是一项交易和消费体验。人们不在乎婚姻的持久,只在乎自己的体验感受,从19世纪中叶到20世纪50年代,美国的离婚率稳步上升;在20世纪60年代到70年代之间离婚率增长最快。其中有来自女性解放运动的影响,更多地来自消费主义对人们爱情和婚姻观念的冲击。

伴随消费主义兴起的是令人沉醉的、流行的成功学,卡内基的《如何赢得朋友及影响他人》与派勒牧师的《积极思维的威力》在当时风靡欧洲。成功学在1933年开始出现,拿破仑·希尔是世界上最早的现代成功学大师,他曾受罗斯福总统邀请组建了美国史上最大的智囊团,在对抗希特勒的过程中起到了较大的作用。后来成功学逐渐在美国社会流行,除了卡内基,还有早期的吉米·罗恩的《快乐致富——获得财富与快乐的7个策略》和后来安东尼·罗宾的《唤醒心中的巨人》等都在美国社会取得了轰动性反响。拿破仑·希尔认为"成功其实就是一种在追求中所体验到的幸福,一种奋斗的快感"。然而,这种成功学的概念与消费主义,助长了西方社会的拜金主义和急功近利,进一步加剧了人的异化,成为马克思主义学者们20世纪中后期新的批判对象。

第二章　弗洛姆爱的理论贡献

关于爱是什么？千百年来人类一直在追问，无数的哲学家、艺术家、文学家提供给了我们丰富的答案。从古希腊开始人们就已经识别出许多不同的爱的类型，如性爱、精神之爱（柏拉图式的爱）、博爱等，不同心理学家的分类也不同。罗洛·梅区分出四种类型的爱：(1) 性爱，指生理性的爱，它通过性活动或其他释放方式得到满足；(2) 厄洛斯（Eros）爱欲，是与对象相结合的心理的爱，在结合中能够产生繁殖和创造；(3) 菲里亚（Philia），指兄弟般的爱或友情之爱；(4) 博爱，指尊重他人、关心他人的幸福而不希望从中得到任何回报的爱。[1] C.S.路易斯依照希腊传统将爱分为四种类型：(1) 情爱（Storge/Affection）；(2) 友爱（Philia/friendship）；(3) 爱情（Eros/Romantic love）；(4) 仁爱（Agape/Charity），是指对神和人不求回报的圣爱。他认为所有这些爱都可以

---

[1] [美]罗洛·梅：《爱与意志》，宏梅、梁华译，中国人民大学出版社2010年版，第22页。

以需求之爱和给予之爱出现。[1] 约翰·A.李在1973年出版的《爱的色彩》中拓展了古希腊人对爱的分类,将爱分为六种类型:激情式的爱(Eros),游戏式的爱(Ludus),友爱(Storge),务实的爱(Pragma),独占式的爱(Mania)以及无私的爱(Agape)。[2] 弗洛姆将爱分为博爱(Brotherly Love)、母爱(Motherly Love)、性爱(Erotic Love)、自爱(Self-Love)、神灵之爱(Love of God)五种,他特意强调了母爱和自爱在人类爱的能力发展中的特殊地位。这些划分方法更加深了我们对爱的好奇。爱究竟是什么?现在,让我们追溯传说、文学和历史,回归爱的本体论,去倾听众多思想家对爱的追问,这样便于我们理解弗洛姆《爱的艺术》的重要意义。

第一节 古典哲学家的观点

西方重大的历史故事,都与爱情有关。古希腊特洛伊战争肇始于一场宴会。特洛伊王子帕里斯受邀参加了斯巴达国王墨涅拉奥斯的欢迎宴会,在宴会上他迷惑并诱拐了世界

---

[1] [美]C.S.路易斯:《四种爱》,邓军海译,上海:华东师范大学出版社2018年版,第2页。

[2] Lee, J. A, "Love-styles" In R. J. Sternberg and M. L. Barnes, eds. *The psychology of Love*, New Haven, Conn: Yale University Press, 1988, p.38 – 67.

上最漂亮的女人、斯巴达国王墨涅拉奥斯的妻子、宙斯之女海伦,海伦甚至为他抛弃了亲生女儿。为了夺回海伦,洗雪背叛爱情的耻辱,墨涅拉奥斯联合希腊诸王向特洛伊发动了长达十年的战争。最终,在阿喀琉斯、狄俄墨得斯等勇士的帮助下墨涅拉奥斯成功抢回海伦。在荷马的史诗《伊利亚特》中,当海伦和墨涅拉奥斯穿过战场的废墟时,她深为自己的不洁行为感到耻辱,并为她可能在希腊军营中的命运而心惊胆战。然而,爱神将她变得更美丽了,她的美丽再次拯救了她。没有人能忍心将剑刺向令人销魂、妩媚动人的女子之身。她跪在斯巴达国王的脚下,乞求饶恕。墨涅拉奥斯深受感动,他扶起海伦,让她忘掉过去的一切,海伦的眼睛流出幸福与悲伤的泪水,他们俩又像以前那样相爱了……谁能说清楚,海伦究竟爱的是谁呢?

爱情以强大的力量催生了伟大的文学、戏剧、建筑、雕塑、绘画、歌舞等艺术,以魔力般的情感体验,打动着世间男女的心灵。然而,生活中我们对爱情的认识仍然十分有限,只有在文学作品中我们才窥探过它的至圣尊容。当罗密欧在朱丽叶的窗口告白:"朱丽叶就是太阳!起来吧,美丽的太阳!那是我的意中人;啊!那是我的爱;唉,但愿她知道我在爱着她!"我们感受到了爱情的炽热。当灰姑娘简·爱突破阶层界限,向罗切斯特先生告白:"你以为我穷、不美丽,就没有感情吗?假如上帝赐给我美貌和财宝,我也会让你难以离开我的！就像我现在难以离开你一样！"我们看到了爱情超越世俗的力量。

柏拉图论爱

如果单纯地以为爱情是一种炙热的情感，那么我们对爱情的认识还是不完全。柏拉图的《会饮》篇，谜一般地拉开了哲学家们对人类爱情理性讨论的序幕。这是柏拉图有关爱情最重要的一部作品，另一部是《斐德罗篇》。在这场虚拟的宴会上，六位客人轮流赞颂了爱神厄洛斯，表达了他们对爱情的观点。诗人斐德罗盛赞爱神是最古老的神，是人类幸福的来源，爱的一个基本原则是厌恶丑恶的，爱慕美好的。爱神奖励勇敢为爱献身的人，一支由相爱之人组成的军队是无坚不摧的。帕萨尼亚斯认为爱神有两个——凡间的和天上的，爱情是两面的，凡间的爱情是属于下等人的，它所眷恋的是肉体而不是灵魂，它只贪图达到性爱的目的；天上的爱情是触及灵魂的高贵的爱情。医生厄里什马克同意爱情的两种区别，他认为爱情激动人的心魄，激励人不仅追求美少年，也追求其他。爱神威力伟大，支配着神和人全部的事情，控制得当的爱情会带来富裕和健康，失控的爱情会潜伏疾病。阿里斯托芬兴致勃勃地向众人讲了"圆球人的神话"，爱情就是被剖开的一半人渴望寻找另一半人，合二为一变得完整。阿伽通认为，一切神灵都是幸福的，而爱神是神灵中间最幸福的,因为他最美也最善良,他具有勇敢、节制、公正和智慧的美德。人类伟大的导师、爱情的倡导者苏格拉底则表示自己对"性爱话题"以外之事一无所知。最后柏拉图借苏格拉底的朋友狄欧蒂玛,这位并没到场的客人,发表了他的爱情观。他明确区分了基于性欲和短暂激情的喜爱和对另一个人深沉持久的关爱,他将后者的精神上的恋爱称为真爱(柏拉图式的爱),而前者只是爱欲。柏拉图式的爱情并不是我们所谓的异性之间的爱情,它发生在同性之间。这一术语更确切地说,是对世界上可望而不可即的理想美的向往,是人类博爱精神的起源。在另外一部探讨爱情的对话录《斐德罗篇》中,柏拉图更明确地表达了他的美的爱情观,他认为爱情就是对美的爱,人们对另一个人的爱,实际上爱的是对方身上的美。只有带着独特光芒的美才让我们永远意乱情迷,爱是一种相互感应的美,在相爱中人们像鸟一样会体验到一种飞翔的快乐。因为爱可以让那些缠绵的情侣随着时间的流逝逐渐获得自己的翅膀,那在他们灵魂深处互相感应的飞翔里,存在着一种真正的美,而美的本身是永恒的,人们通过爱美从而达到了永恒。

柏拉图的爱情观,对欧洲世界认识爱情影响深远。关于爱情,在基督教未统治欧洲以前,人们已经基本形成了两种不同的认识论:一是爱欲论,将爱情解释为性和欲望,主要是发生在异性之间;一是灵魂论,将爱情解释为灵魂的伴侣,主要发生在同性之间,并且可以令人走向永恒。两种认识论都承认爱情中蕴含着巨大能量,不同的是爱欲论强调在世的享乐,灵魂论则持有一种爱情的真理观。

丘比特的传说

不过,柏拉图式的爱情似乎注定只是乌托邦,人类似乎早已命定要苦于爱情。古今中外人们传唱不息的经典爱情总是伴随着死亡、眼泪和战争,好像天神诅咒了爱情,这让人们对于爱情的认识蒙上了悲剧色彩。在丘比特的结局中,古希腊的人们找到了爱情悲剧魔咒的来源。原来丘比特——这位光着身子、可爱无比的男童,翅膀下藏着的爱情之箭,竟是令人丧命的毒箭!难怪人类总是一而再,再而三地遭受爱情的苦毒。为了不再被这可怕的毒箭控制,在古希腊的传说中,希腊大城贪小便宜的小市民,捉住了丘比特,拔光了他的羽毛,并且在他光溜溜的身子上贴上了封条,封条上写着:丘比特是不存在的。被拔光了羽毛的丘比特再也不能飞翔了,他羞愧地投湖自杀,但最终他的尸体被打捞上来,扔进粪湖深处去腐朽。丘比特和其他众神一样沦为了古老的笑话,被永久地埋葬。从此,大城的人们,可以肆意享受肉体的狂欢,再也不用担心被爱情之箭射中而痛苦了。

丘比特的传说成为人们茶余饭后的笑料,它向世界宣告了爱欲论的胜利。在柏拉图之后,奥维德,一个完整的充满欲望的人,一个被誉为古罗马镀金时代最伟大的爱情大师,就开始向那个时代蒙昧的青年男女兜售满足人类爱欲的技巧和方法,他倾囊相授爱情秘诀,并为书取名《爱的艺术》。不知道弗洛姆是不是故意取用同一个书名,也许《爱的艺术》这本书就是他对奥维德爱欲观的强烈反对和意欲取代。在欧洲,当人们想要抹去一个节日,就故意用另一个更伟大的节日来取代,例如圣诞节就是对古罗马阿波罗诞生日的取代。奥维德所谓的"爱"的艺术,无非是教年轻男女如何获得爱情,更准确地说是教男人如何猎艳,与各种女人调情,换成今天,就是男人PUA(Pick-up Artist,指搭讪)女人的艺术。

伊壁鸠鲁学派的卢克莱修

在基督教还未成为罗马国教之前,爱欲论持续占据主导地位。然而,追问人生幸福,生活简朴而又节制的古罗马的无神论者伊壁鸠鲁学派却对爱欲论进行了否定。伊壁鸠鲁学派认为,感觉是人的基础,避苦求乐是人的本性,人的幸福和快乐是评判一切的标准,是人的基本准则。所谓的快乐,就是远避痛苦,达到身体的无痛苦和灵魂的无纷扰,是"避免忧伤和恐惧"。[1] 爱情,作为最"动态"的快乐之一,虽然可以带来短暂的快乐,但总是会让灵魂不断地想要沉溺而变成一种幸福的纷扰,因此在伊壁鸠鲁学派看来也应当是保持审慎的。为了避免因陷入爱情而引起痛苦,伊壁鸠鲁学派最有影

---

[1] [美]诺尔曼·李莱贾德:《伊壁鸠鲁》,王利译,北京:中华书局2005年版,第35页。

响力的诗人和哲学家,号称游击战士的卢克莱修(约前99年—约前55年)告诫男人,切勿随便迷恋上某个女人。卢克莱修把爱情当作一种无足轻重的行为,甚至是一种令人无止境的贪欲,他主张幸福在于摆脱对神和死亡的恐惧,得到精神的安宁和心情的恬静。在经历了一次失恋之后,这位一不小心中了爱情毒药后变得神志不清的诗人,决定以自杀的方式来结束他44岁的生命,以此来摆脱爱情的控制。他形容爱情是"致命的欲望",容易引起人的痛苦和嫉妒,"美人模棱两可的一句话,会立马刺痛那颗疯狂的心,让他心急如焚;而每次含情脉脉,或东张西望,或嘴角微笑的痕迹,又足以引燃怀疑的熊熊烈火"。关于爱情,他讽刺地说:"我们占有得越多,失望就会把我们的心烧得越痛。"[①]

骑士爱情

爱欲观在基督教统治欧洲以后遭到压制,禁欲主义席卷了欧洲,最崇高的爱情只能产生于人与神之间。然而,人们对于俗世爱情的渴望并没有减少,对圣母的世俗崇拜和法国普罗旺斯吟游诗人的抒情诗,催生了一种新型的浪漫的英雄主义的爱情——骑士爱情。骑士们认为,爱能使一位骑士尊

[①] [法]奥德·朗瑟兰,[法]玛丽·勒莫尼耶:《哲学家与爱》,郑万玲、陈雪乔译,华东师范大学出版社2021年版,第35—55页。

贵,一想到情人,他的内心就会激发出一种崇高的道德力量,他变得更勇猛、更骁勇善战。骑士爱情,崇尚爱情至上而不在乎是否是婚外恋,他们并不渴望肉体,而追求精神的自由恋爱。凯旋骑士最大的愿望、最尊贵的一刻就是在行屈膝礼的时候能够亲吻他的女神的纤纤玉手。他会因为得到美人的青睐而欢喜,也会因为美人的拒绝而悲哀,他所做的这一切都是出于内心的爱情。骑士爱情的出现,让爱情中的"她"大胆地登上了文学艺术的舞台。从前她要么是低声下气的在角落里唯唯诺诺被人视作扫帚星的女仆,要么是生育机器和性欲的对象,而现在她成了万众瞩目的女神。它让女人,至少贵族女人,不再是丈夫的生育机器和装饰品,转而可以堂而皇之地收纳爱情。骑士爱情,以一种浪漫英雄主义的方式,向世界发出了呼唤:要勇敢地去爱你心中的他(她),因为爱情是高贵的,合乎人性的,不应该被压制的。恩格斯曾有过这样的评价:中世纪骑士之爱是"第一个出现在历史上的性爱形式,亦即作为热恋,作为每个人都能享受到的热恋,作为性的冲动的最高形式"。[①]

蒙田的性爱生死观

恩格斯将骑士之爱视作性冲动的最高形式,但它始终还

---

① 《马克思恩格斯选集》:中共中央马克思恩格斯斯大林列宁著作编译局,人民出版社1972年版,第112页。

是在理智的控制之下的,是精神上的爱情幻想。在随后欧洲的文艺复兴中,人类的爱欲观也伴随着歌颂人类美好生活的歌剧、舞蹈、戏剧而重新复活,并又一次大行其道。尼采说:"基督教让厄洛斯喝下了毒药,但他并没有死,而是活得更放荡了。"也许是对基督教禁欲主义的反抗,用身体写作的思想家们一个个粉墨登场,在后来的哲学家中,我们已经找不到提倡禁欲主义的哲学家了。蒙田,这位"发情的兔子",这位极少数能挤入现代人尊重和追捧行列的文艺复兴后期的思想家,像古希腊的酒神一样复活了,他强烈地恨不得想要完整地、全裸地、大胆地把最后一片遮羞的葡萄叶也扔掉。蒙田放纵地啜饮爱情,他到处拈花惹草,肆意炫耀他的粗鲁的欲望和情史,在他的诗歌和随笔中,他热烈而又讽刺地讴歌尘世的性爱和身体纵欲的快乐。"我把一匹老马赶入马场,它一闻到母马的气味就难以控制。不久就对场内的母马因轻易满足而产生了厌情。但是凡有外来母马走过牧场附近,它又发出讨厌的嘶叫,像以前那样春情大发。"道德家批评蒙田像牲畜一样的放荡,而作为哲学家的蒙田在放荡中看到的却是更真实的人性,肉体和灵魂的紧密相连,以及对死亡的恐惧和无意义的人生。让·斯塔罗宾斯基在《运动中的蒙田》中指出蒙田纵欲的原因,"死亡的冲动释放了欲望发声的可能"。为了对抗死亡的悲剧人生,生命的短暂,要及时去爱,去生活,在蒙田的《随笔集》的第三卷中他写道,"于我而言,我热爱生活,我耕耘生活""哪怕是再小不过的乐子,只要我能碰到,就定不会错过"。①

从性欲到爱与虚无的认识

从柏拉图的《会饮篇》开始,人们已经认识到爱情是一种令人不可自拔的体验,拥有着无比强大的力量,要人的肉体必须对爱情做出性冲动的回应。卢克莱修宁愿以自杀为代价来远避这令人致命的、剥夺人幸福的冲动,因为它影响了个人的幸福。他向我们启示:爱情,是幸福的孪生姊妹,除非能够正确地认识爱情,人类就不可能有幸福。斯多葛主义影响了基督教教义和伦理观,在中世纪里,人们相信只有对上帝的神圣之爱能唤醒人心中对天国的向往,让人获得永生走向永恒,但这并未能解决人们现世活着的困惑,也无法抑制人们对世俗爱情的渴望。骑士之爱的应运而生,说明人们一定要在一个活生生的人身上,才能体验到生命的价值和意义。蒙田,体悟到了人生存的虚伪,为了对抗生之虚无,这位无神论者或者怀疑论者,选择纵欲来对抗死亡。因为虚无,所以要及时享乐;因为虚无,所以要热爱生活、享受爱情;因为虚无,所以要提前考虑自由。蒙田说:"预谋死即预谋自

---

① [法]奥德·朗瑟兰,[法]玛丽·勒莫尼耶:《哲学家与爱》,郑万玲、陈雪乔译,华东师范大学出版社 2021 年版,第 60—86 页。

由。学会怎样去死的人便忘记怎样去做奴隶,认识死的方法可以解除我们一切奴役与束缚。对于那些彻悟了丧失生命并不是灾害的人,生命便没有灾害。"①

第二节 爱的现代主义哲学启蒙

爱、幸福、自由、存在的话题就这样一步步迈入了欧洲的思想史中。但直到卢梭,欧洲启蒙运动开始,爱情才走进了更广阔的人类政治运动中。

卢梭的博爱启蒙

卢梭,法国18世纪启蒙思想家,一个强烈反对欧洲的科学性和商业性的呆板生硬的民主政治家,一个深恶痛绝欧洲自私自利的个人主义的哲学家,在一场人类的思想解放运动——最原始的浪漫主义中,将爱情推上了世界政治的舞台。卢梭对爱情的认识与柏拉图爱与美的观点有一些相似,他认为爱的对象存在于想象之中,爱情里的一切都是幻觉,但它给我们带来的感觉和情绪却真实存在,它使我们爱上了真正的美。这种美与我们所爱的对象没有任何关系,它是由

---

① [法]蒙田:《蒙田随笔》,杨元良译,湖南文艺出版社2005年版,第94页。

我们的诸多错误产生的一部作品。为了让这部错误产生的作品更具有社会性,卢梭认为爱情可以作为一种建立理想国的工具,通过重新创造爱情,人们可以找回情感的力量来对抗已被技术和资本腐蚀的几近死亡的欧洲。在《论人类不平等的起源》中,他隐晦地表达了这种观点,在他看来,爱情里的道德只不过是一种人为设定的虚假情感,"它为服务社会而产生,女人们巧妙地、故意地去赞颂它,从而建立起她们自己的王国"。[①] 卢梭认为,爱情里蕴含着强大的力量,爱情里有一种东西可以击退死亡,爱情能引诱犯罪,但同样可以带来最伟大无私的行为。人类可以重新改造爱情,让它带来最伟大无私的行为,从而建立一种新型的个人与他人的关系,即带有骑士精神或具有升华意义的"典雅"爱情。这一点在《爱弥儿》的结局中表现得很明显。

卢梭讴歌一种热爱道德的爱情,他认为爱情与道德并不是对立的,而是可以调和、可以相容的,在他的另一本代表作《新爱洛伊丝》中朱丽和圣普乐两位主人公就具有这样的共同点,他们都是爱美德的人。这种美德是一种崭新的道德,它源自自然人性,自爱、自尊而又爱他人、尊重他人。卢梭提倡的道德上的爱,或"典雅"爱情带有明显的博爱的理念,是亚里士多德所称的"兄弟之爱",不过在卢梭看来,这种爱与

---

① [法]奥德·朗瑟兰、[法]玛丽·勒莫尼耶:《哲学家与爱》,郑万玲、陈雪乔译,华东师范大学出版社2021年版,第99页。

亚里士多德在《尼格马克伦理学》中讲到的"友爱是政治共同体的纽带"的友爱更高级,它与爱情无缘,与大众每个人有关,但却是心灵、道德和血液纯净的爱。

卢梭,将博爱从爱情中区分开来,使之从局限于男女或古希腊异性之间被称之为爱情的名词,上升到一个更广泛的政治社会领域中。博爱区别于爱情,成为人与人、人与社会关系重建的重要元素,被寄予了更伟大的使命。值得一提的是,博爱这一价值观念与平等自由并列为法国的价值观,却经历了曲折的过程。最早博爱的概念出现在法国大革命期间,雅各宾派的分支高德利耶(Cordeliers)俱乐部的书记官安东尼-弗朗索瓦·莫莫罗(Antoine-Franois Momoro)游说巴黎市长将"自由、平等、博爱"作为标语刷在巴黎市政建筑的墙上,从而使"博爱"在民众中流传开来。但后来博爱的口号在拿破仑帝国时期又消失了,在第二共和国时期重新出现,在第二帝国期间又被抛弃了,在第三共和国期间又出现了。在1946年和1958年宪法中,"自由、平等、博爱"被当作法兰西的政治遗产重新强调,并一直延续到今天。[1]

卢梭反对没有爱情的性爱,将之比喻为奴隶贸易,认为失去敬意的性爱,将带来一种扭曲变形的、充满谎言的、在责任和欲望之间左右为难的生活。然而,卢梭对于女人的认

---

[1] 徐克飞:《关于法国"博爱"价值观的思考》,载《当代中国价值观研究》2016年第2期,第102—110页。

识,却是幼稚而狭隘的,在《社会契约论》里他竟然把所有女人都排除在政治生活之外,这实在令人难以理解。在追求自由平等的法国大革命时代,卢梭对女性在参与公共事务方面,主张实行歧视女性的男女隔绝制度。他甚至狠狠地批判了那些热爱戏剧的女人,称她们是一群堵住了剧院的聪明母猴。对那些为了离婚自由权而斗争的女平民,卢梭认为她们就是带来世界末日的女骑士。[①]

康德对爱情"物化"的担忧

卢梭启蒙了欧洲的自由平等意识,他返归自然、崇尚自我、张扬情感的思想,直接催生了19世纪欧洲浪漫主义文学。许多诗人、作家都受到他的影响,就连歌德、雨果、乔治·桑、托尔斯泰都无一例外地声称是卢梭的门徒。但对于爱情究竟是什么,思想家们仍然没有正面回答,他们能够达成共识的是,性爱是令人羞耻的,女人是令人厌恶的。德国古典哲学创始人康德对性的蔑视,与卢梭如出一辙,在《道德形而上学》中,他认为性爱只是为物种延续而产生的,"在一个文明开化的社会里,即使是婚姻允许的性爱交易,当我们必须谈论它时,也要十分谨慎,甚至还得给它蒙上一层面

[①] [法]奥德·朗瑟兰、[法]玛丽·勒莫尼耶:《哲学家与爱》,郑万玲、陈雪乔译,华东师范大学出版社2021年版,第112页。

纱。"康德是一个公认的鄙视女人的男人,他终身未婚。作为一个保守又拘泥于老思想的德国普鲁士人,他对爱情"物化"的担忧,倒是为18世纪的爱情敲了警钟。在康德看来,爱情属于人类学,在物化的世界,男人会一如既往地像占有物品一样在女人的身上获取快感,即使他真心地爱一个女人,还是不可避免地会将女人"物化",不合理地将女人视为一个"属于自己的物品"。①

叔本华的爱情繁衍观

男性哲学家们对女人和爱情的嫌恶、逃避、否定和不友好的态度,让女权主义者们生气,连叔本华都感到惊愕。在1818年《作为意志和表象的世界》一书中,他惊讶于在人类生活中扮演着如此不一般角色的爱情,时至今日都未曾被哲学家正视。不过,叔本华并不是要为爱情正名,他也是一个厌女主义者,他认为激情式爱情里的暴力充分证明爱情触动到了人类的高级爱好。然而,这种高级爱好,尽管有时看似纯洁,但赤裸地说到底,它的最终目标就是物种繁衍。可能是受到18世纪生物科学发展的影响,叔本华甚至解释了男人为什么爱看袒胸露乳的丰满女人,"女人丰满的胸部对男

---

① [法]奥德·朗瑟兰、[法]玛丽·勒莫尼耶:《哲学家与爱》,郑万玲、陈雪乔译,华东师范大学出版社2021年版,第147页。

人来说是一种巨大的魅力,这是因为胸部与女性繁衍后代的功能有着最为直接的关系,丰满的胸部保证了新生儿丰富的营养"。① 叔本华的爱情观念,符合进化论的观点,也符合"繁衍是爱的根本动力"的模式,他是第一位强调爱的生物层面及其对人类存在的重要性的著名思想家。在达尔文之前,他已经用他的"生存意志"模型,把爱视作一种以促进繁衍为宗旨的本能。然而,正因为如此,叔本华反感女人,"女人们从不曾想让人类灭种,这就是为什么我恨她们"。在《论女人》里他将女人视为低等性别,定义为第二性,她们"是应该被划分开的性别,属于次要级别的性别"。这引起了 20 世纪思想进步前卫的法国女哲学家波伏娃的反对和反击,最出名的是她震惊世界的代表作《第二性》,在书中她以哲学、历史、文学、生物学、古代神话和风俗的文化内容为背景,从原始社会到现代社会的历史演变中妇女的处境、地位和权利阐述了女性个体发展史中的性别差异,她认为女人并不是生就的,而宁可说是逐渐形成的……只有另一个人的干预,才能把一个人树为他者。②

---

① [法]奥德·朗瑟兰、[法]玛丽·勒莫尼耶:《哲学家与爱》,郑万玲、陈雪乔译,华东师范大学出版社 2021 年版,第 151—181 页。
② [法]西蒙·波伏娃:《第二性》,李强选译,西苑出版社 2004 版,第 40—41 页。

克尔凯郭尔爱的宗教观

一直到克尔凯郭尔的出现,爱情才重新回到了宗教的道路,重新回到了柏拉图关于爱、美与永恒的真理世界。这位丹麦的哲学家、存在主义的先驱——被拉康评为"弗洛伊德之前最刻薄的灵魂审问者",认为性爱不过是"存在于某一时间的眩晕",就像音乐一样,"本身是不存在的,它只存在于乐器被演奏的那一刻",爱情却是来自生命的力量,是人类存在的中心,它赋予了人性本质中"一种永不褪色的和谐"。在每一条路上,都有"永恒的爱",当我们一层层地剥开风流鬼的内心时会看到一个坚硬的核——永远被他人坚定地爱着的渴望。对于爱情的不幸,克尔凯郭尔并不认为"不幸的爱情是爱情最高级的模样",在最高级别的爱情里,所有的失去都将会得到另一种意义和价值,那就是永恒。[①]

在1843年的《非此即彼》和1845年的《人生道路诸阶段》中,克尔凯郭尔介绍了生命经历的不同阶段,这些阶段是通往最高等爱情的步骤,从低到高主要分为美学、伦理和宗教三个阶段。美学阶段能够让人立马显出真实的模样,是把人与野兽、动物区分开来的重要阶段,美学阶段的爱情是欲

---

① [法]奥德·朗瑟兰、[法]玛丽·勒莫尼耶:《哲学家与爱》,郑万玲、陈雪乔译,华东师范大学出版社2021年版,第185—220页。

望之神厄洛斯。伦理阶段就是让人成为人的阶段,人的生活能为理性所支配,能克制自己的情欲,男人会带着完成使命的坚决信念,成为一个有担当的男人。婚姻则实现了在一个团体内将人类的存在持续地、具体地进行结合,它是一种涵盖了激情、美丽、情色的"生命里的严肃性",婚姻解决了如何听着警钟活在永恒之中的大难题。宗教阶段,生活为信仰所支配,人不仅不再追求审美阶段所追求的享乐,也不再崇尚伦理阶段的理性,人在此是作为他自己而存在的,他所面对的只是上帝,爱情就进入了与上帝同一的爱。

爱情以一种新的阐释重新回到了宗教的视域。爱情与永恒、爱情与生命、爱情与存在,爱情与上帝,这些话题再次成为20世纪的人们生存与存在的重要命题。克尔凯郭尔,这位存在主义先驱,没有想到他的思想对20世纪的思想家们产生了深远的影响,包括弗洛姆、海德格尔、萨特以及雅斯贝尔斯、维特根斯坦和巴迪欧。遗憾的是,在达尔文预言爱的黎明到来之前,世界仍要经历一段有关爱情的战争。

弗洛伊德的性本能观

1895年精神分析诞生了,弗洛伊德——精神分析学派的创始人,对潜意识、力比多的论述惊动了全世界。弗洛伊德坚定地认为,性本能是人类最重要的本能,爱情只是性本能的表现和升华,性本能是体内化学反应引起的一种压力的结果,这种压力会引起不适,所以要得到释放。性要求的目的就是要消除这种折磨人的压力。"力比多"(性本能的一种内在的、原发的动能、力量)因而成为一种永不枯竭的、创造性的生命动力,甚至一切科学的、文艺的、宗教的问题都可以在"力比多"这儿找到精神分析理论的答案。弗洛伊德对性本能的强调,是对人类无意识中的性能量的巨大价值的肯定,但将爱情解释为性本能的表现和升华,仍不令人满意。

尼采的爱的创造观

弗洛伊德的心理分析法可能影响了尼采对爱情的哲学思考,尼采建立了一套以人内心深处的情感体验和生活经验为基础的具体的心理学体系。在对人类存在的非理性思考中,他继承了叔本华形而上学的理念,却抛弃了叔本华的悲观主义,选择了对生命幸福的肯定和对爱情的肯定。在《人性的、太人性的》一书中,尼采认为爱情会催生出一种致命的恨,"所有伟大的爱情,都会催生出残忍的念头,它使人想要毁灭心爱之人,好一劳永逸地让爱情避免日后被变心所亵渎;因为爱情最怕的不是毁灭,而是变心"。他认为,爱情——从某种程度上讲,就是战争,从原则上来看,就是两性之间一种致命的恨,这场战争发生在每个人的内心深处,关系到人性中最为隐秘的心理冲动,而这股冲动又塑造了人的存在、人的欲望、人的行为和思想。

对待性欲,尼采和弗洛伊德的观点相似,他认为爱情就是性欲的精神化,是性欲与思想间的联系,所有伟大的爱情都能在性欲中找到根源。不过尼采并不主张沉溺于性爱之中,在《尼采遗稿》中,他认为"性爱的满足肯定不是最主要之事,它只是并且的确是一种符号。"尼采还是肯定爱情和婚姻的,他认为美好的婚姻还是存在的。这种婚姻以高级的爱情为基础,不再仅仅是"两个互相猜忌的动物"间的爱情,他将这种爱情称之为友谊。在这种感情里,"两个人在最初对彼此热烈的渴望会让位于新的渴望,这是一种全新的欲望,一种共同拥有的、更为高级的欲望,对一个超越自身的完美世界的渴望。"这个完美的世界,需要两个人共同完成,要在"对彼此的尊敬"之中进行,它不仅只由它的创造者们来实现,共同孩子或其他任何共同的目标都可以让每个人实现创造。尼采认为,要实现这些,在娶一个女人之前,就要学会如何"超越自己去爱别人",也就意味着要心甘情愿地变得更加高尚。尼采甚至视爱情为所有事物诞生的中心,"我们热爱生活,并非出于生存的习惯,而是出于爱的习惯"。[①]

到这里,哲学家们关于爱的追问已经告一段落,倘若,我们自以为已经了解了关于爱的所有知识,那么我们仍是无知

---

① [法]奥德·朗瑟兰、[法]玛丽·勒莫尼耶:《哲学家与爱》,郑万玲、陈雪乔译,华东师范大学出版社2021年版,第225—259页。

的。我们对爱认识的不是太多,而是太少。到尼采为止,爱已经取得了它作为人类生命存在的重要位置。

第三节 弗洛姆与爱的认知革命

不同于康德、尼采等哲学家,弗洛姆既不是一个厌女主义者,也不是一个宗教神秘主义者,他是一名深受弗洛伊德和马克思影响的精神分析学家,《爱的艺术》建立在心理学和宗教信仰的基础之上。弗洛姆明确区分了坠入情网和真正的爱,他将爱视为一种需要努力和专注的思维塑造,并认为"爱是一门学问""爱是一门人人都可以掌握的艺术""爱要求我们像学习艺术一样不断练习和实践"。弗洛姆的观点,对于20世纪50年代的美国和欧洲来说,是一次心理学领域的认知革命。

20世纪心理学范式的革命

20世纪是心理学发展的快速时期,按照科恩的科学发展模式,在心理学领域,先后经历了三个范式的科学时期——心理主义、行为主义和认知主义,同时产生了二次范式的危机和革命。心理主义范式是心理学的第一个范式,以冯特等人为代表,这一范式把心理学界定为心理生活或意识的科学,内省法是其主要研究方法,它通过审视个人的内心状态和活动,并将个人的心理活动作为报告,通过分析报告来得出某些心理结论。这种过于经验主义的方法,对客观行为观察分析的忽视,很快引发了第一次范式革命,导致了1913年行为革命的产生。行为主义范式是第二个范式,以华生等人为代表,它把心理学界定为行为科学,从客观的方法来研究人类行为,从而预测和控制有机体的行为,它深受巴普洛夫的"条件反射"学说的影响。行为主义范式在美国乃至世界心理界的影响长达50年之久,它过于将人作为机械或刺激反应的生物,反对主观主义心理学,忽视了作为主体的人在心理和行为过程中的地位和作用,遭到人本主义心理学家的反对,导致了1956—1965年的认知革命,使心理学的研究对象又重新回到心理过程上来,人本主义心理学成为20世纪下半叶心理学的主导范式。

在《爱的艺术》出版之前,在社会上广为流行的仍是弗洛伊德的性爱行为主义理论,繁衍观和性本能主导了人们对爱情的认识。《爱的艺术》是一次爱的认知革命,是人本主义心理学的先驱杰作之一。弗洛姆从人类存在的哲学问题出发,认为爱是解决人类走出伊甸园之后,面对自由而产生的恐惧和孤独的解决之路。爱是一种来自生命的力量,通过唤醒这种力量,爱减轻了我们对于死亡和分离认知的焦虑,让我们与他人、世界和宇宙获得同一感。爱首先不是同一个人的关系,而更多的是一种态度,性格上的一种倾向,这种态度决定一个人同整个世界,而不是同爱的唯一"对象"的关系。爱是人身上的一股积极力量,是人内心生长的东西,而不是被俘虏的情绪,爱首先是给而不是得。爱是一种生命创造的力量。人的爱情是一种积极的力量,这种力量可以冲破人与人之间的高墙并使人与人结合。借鉴20世纪50年代流行的成功学书籍的模式,弗洛姆在如何实践爱的方法上,为人们提供了指引,摆脱了哲学家们重思辨轻实践的弊端,为二战后人们如何更好地将爱融入生活和社会建设提供了启蒙。弗洛姆的启蒙贡献远不止于此,他还是在卢梭之后,为建设一个爱的理想社会提供了可能性方案的心理学家。

弗洛姆的启蒙贡献

弗洛姆的启蒙贡献至少包括两个方面。第一,他启蒙了人们将爱作为一门学问的认识。第二,他启蒙了人们将爱作为一门艺术的学习观念。在开篇中,弗洛姆就提出一个石破天惊的问题:"爱是一门艺术",还是"一种偶然产生的只有幸运儿才能坠入情网,令人心旷神怡的感受"?为此他提出两种认知假设。第一种假设是爱情是一门艺术,需要人们不断地学习和实践,这是弗洛姆的观点。第二种假设是爱情不是一门学问,不需要人们学习,这是大多数人的观点。为了纠正第二种观点,这种人们普遍持有的观点,弗洛姆必须要对人们的认知进行一次手术。他认为人们之所以会持有爱情不是学问，不需要学习的观点，这与长期以来人们对于爱情的错误认识论有关系，至少有四个错误的认识论，让人们在认识与获得爱情大打折扣，因此必须予以纠正。

错误认识一：爱与被爱有关。

弗洛姆认为大多数人对爱情的认知，重点考虑的问题是"我会不会被人爱"，而很少有人考虑到"我是否拥有爱的能力"。因此，在爱情关系中，大多数人更在乎赢得爱情的手段，而不是爱的能力的发展。"怎样才能让自己被人爱"，人们总结出了许多经验。比如男子通常会用名利、权力、地位作为爱情的筹码，希冀赢得爱情，而女人则希望通过保持身段、服饰打扮来增加自己的魅力值，成功地吸引到心仪的男士。在赢得爱情的手段上，男女双方都喜欢采用的共同方式是在对方面前表现出令人愉悦的行为，例如文雅的举止、有趣的谈吐、乐于助人、谦虚和谨慎。这些方法已经被广泛地采用，许多人的经历证实，如此这般确实可以赢得一位爱人。但是弗洛姆认为，这种赢得爱人的方式与成功学的方法很雷同，它实际上是成功学在爱情上的一种表现。这并没有提高个人爱的能力，而无非是通过外在的物质或谈吐增加自己的魅力，提升自己的价值来让自己对异性变得富有诱惑力，让自己值得被人爱而已，并没有从根本上改变一个人的爱的性格结构。

错误认识二：爱与爱的对象有关。

弗洛姆认为大多数人们把能否赢得爱情取决于爱的对象,而不是取决于自己爱人的能力。人们通常认为爱是简单的,爱情失败皆因寻错了爱的对象,如果找到了合适的对象,人们就能够水到渠成地找到爱情。这种观点普遍地存在于许多社会和文化中,弗洛姆认为这与爱情和婚姻的传统有关。在人类社会的发展过程中,爱情并不是自发产生的,也不是那么重要。人们虽然会同情那些生死相恋的情侣,但却不会轻易将自己投入危险的爱情之中。在20世纪以前的欧洲,门当户对和财富交易是双方婚姻的前提。今天很多人认为爱情是婚姻的基础,但在20世纪以前却是相反的,在那个时候爱情是婚姻的产物,婚姻是爱情的基础,好的婚姻才可能产生好的爱情,人们认为婚后自然而然就会产生爱情,自由恋爱是绝不可能的。如果男女双方没有经过家庭介绍人、媒人或者没有中间人的帮助以契约和习俗缔结婚姻,他们的爱情将难以得到上帝、家人的祝福和保障。20世纪以来,整个西方社会发生了巨大的变化,浪漫主义文学和艺术的兴起,让人们开始寻求罗曼蒂克的爱情。传统的门当户对、依靠介绍人或者父母包办的婚姻已经越来越令人难以接受,也越来越少见了。追求罗曼蒂克的爱情,拓展了人们择偶的自由度,与此同时,也大大增加了人们对爱的对象的选择难度。人们必须慎重选择一个未来的终身伴侣,否则可能会遭受离婚的风险,而离婚者是可耻的。因此,婚姻作为终身大事,社会和家庭都要求双方慎之又慎。这反过来要求人们必须非常慎重地选择爱的对象。这对于婚姻而言并没有错误,但对于爱情来说,却不够公平,它让人们忽视了爱情本身的意义,爱情绝不应只是罗曼蒂克的一时激情,也不应是被婚姻绑架的产物。

错误认识三:自由恋爱即自由选择伴侣。

自由恋爱,这个早已被大家接受的观点,看起来很符合西方的理性精神,但弗洛姆认为在自由的市场交易观念广泛渗透入社会文化生活的20世纪的西方社会,人们的自由恋爱表面上是自由的、是属于浪漫爱情的,但实际上却是人格市场的交易,带有明显的物化的特点。康德在18世纪早已提醒过,在爱情中存在一种"物化"女人的倾向,弗洛姆认为这种"物化"爱情的倾向在自由市场之中更加严重,被物化不仅是女人,还有整个西方的"文化人格"。这是因为现代西方人的幸福观已经被消费所侵蚀,他们已经习惯了以购买欲望、互利互换的观念为基础的文化消费生活,许多人的幸福在于消费商店橱窗的商品,无论是分期付款,还是付现款,只要他能消费得起,他就觉得幸福。潜移默化中,他也会以这种观点来看人。这样的自由恋爱,很难纯粹地爱一个人。人们总会依据市场的流行、自己的需求和实力去选择性地购买那个时代"富有魅力"的人格。对于什么算得上"富有魅力",这与每个时代流行的审美有关。在20世纪20年代,一个抽烟、喝酒、难以捉摸和性感的女子,会被人看作是富有魅力的女子。到了20世纪50年代,保守风潮逆袭,那些能操持家务、为人谨慎的女子才算得上是富有魅力。对男人的审美也是一样,19世纪末20世纪初,看起来坏坏的、好斗的和雄心勃勃的男子对女人更有魅力,而到了20世纪50年代,关心社会、心地厚道、有责任感的男子却更受欢迎。在20世纪美国股票市场的飞速发展下,人们衡量爱情的标准,就像股票投资,对方是否有发展潜力、是否是自己的合作伙伴、投资是否会失败等权衡就变得非常重要。弗洛姆认为自由爱情已经被市场化了,遵循着商品和劳动力市场交易原则的爱情,是注定无法在爱的对象上寻找到爱的能力,也无法回答爱的真正作用和意义。

错误认识四:坠入情网即持久的爱情。

弗洛姆认为,现代西方人对爱情的认识,还停留在获得一种坠入情网的心旷神怡的刺激感受,并没有进一步地思考"坠入情网"和"永浴爱河(持久的爱)"二者之间的区别。许多人认为,爱情就是坠入情网,一旦没有了这种令人发狂的感受,就认为两人之间的爱情结束了。实际上,寻找坠入情网的感受,并不能够证明他们彼此是相爱的,它反而证明了男女之间在情感上是多么孤独和无聊。当两个陌生的个体经历了一刹那相结合的幸福、激动人心的时刻,接下来他们可能会回归到平淡无聊的状态。当这种突如其来的奇迹般的亲密感慢慢褪去,失去了最初的吸引力,双方就会重新感觉到孤独、寂寞。期望通过坠入情网,来摆脱孤独的人们是不会得到真正的满足的。只有通过不断地发展自己爱的能力,学会去爱,人们才能将坠入情网转化为永浴爱河,才能领悟爱情的奥秘。

爱作为一门艺术来学习

弗洛姆希望纠正大众对于爱情的错误的认识论,不要仅仅将爱情视作一种感性的感受,而要上升到一门学问来理解。这一方面是因为爱情与艺术一样,都是通往真理的步骤,而"真理永不消逝,因为任何东西都无法(像黑暗取代光明一样)取代真理的位置"[1],任何东西都无法取代爱的位置。另一方面的原因是,爱和艺术一样,是一种创造性的行动,是一种积极的生命力量在当下的展开。圣奥古斯丁说,倘若不通过爱,我们无法走向真相。没有爱的创造性的行动,人类就不能理解人的终极存在。还有一个更重要的方面,爱和艺术一样,是对抗异化,让人重新成为人的生命救赎。要追求人的全面完满发展,就要学习爱,爱是人类存在问题的回答,也是人的发展的最佳出路。

---

[1] [英]安东尼·肯尼编:《牛津西方哲学史》,韩东晖译,中国人民大学出版社2006年版,第14页。

然而,弗洛姆却发现,社会大众愿意为艺术付诸实践,但并不愿意为爱付诸努力和实践。弗洛姆认为,这与西方长期以来人们对爱情的错误认识论有关,也与西方社会流行的成功学有关,人们将成就、地位、名利和权力看得重于爱情,在诸多利益冲突中,人们总是会毫不客气地先牺牲爱情,因此能够真正掌握爱情这门艺术的人就少之又少了。弗洛姆希望人们能够认识到,爱情并不是毫无用处、只对精神有益的奢侈品,爱情是以爱为基础的,爱本身是一种能力,一种我们毕生需要花费精力去学习和实践的能力,唯有学会爱,才能懂得爱情。他认为学习爱的艺术并不难,可以借鉴学习艺术的方法和过程。艺术学习一般分为两个阶段,第一阶段是掌握理论,第二阶段是掌握实践。光了解了爱的理论还不能算作合格,还要像学习音乐、绘画、木工或医疗技术等,理论结合实践,必须通过长期的实践活动让实践和理论知识融会贯通起来,变成创造性的灵感。除此之外,要学习爱的艺术,还要像艺术家一样,有一种强烈的成为艺术大师的愿望,愿意全身心地投入愿意努力地成为爱的艺术大师。只有这种信仰目标占据一个人的整个身心,他才能够真正地学会爱情这门艺术,只有这种信仰深入到社会的人格结构中,我们才能建立一个有爱的健全的社会。

下篇 | 《爱的艺术》导读

第一章 爱与存在

冯友兰先生说,每一个时代思潮都有一个真正的哲学问题成为讨论的中心。存在是20世纪哲学讨论的核心问题。存在问题是20世纪人类最重要的哲学命题。任何一位探索人类命运的思想家,都必须要对"人类为什么存在"这一命题做出回应。弗洛姆也不例外。20世纪50年代,是存在主义流行的时代,存在主义者接受了克尔凯郭尔的召唤,建立起一种以个体存在为中心的哲学来探索人类生活的个人和主观维度,包括伦理或宗教的选择、情绪反应、自我确认和在世的介入行动。弗洛姆出生于1900年德国的法兰克福,与海德格尔、雅斯贝尔斯、列维纳斯、保罗·利科、加布里埃尔·马塞尔、梅洛-庞蒂、萨特、波伏瓦这些存在主义哲学家同处于一个时代。他是最早期德国法兰克福学派的成员之一,与霍克海默、洛文塔尔、马尔库塞、本雅明和阿多诺是同事。他还是马克斯·韦伯的弟弟阿尔弗雷德·韦伯的学生,在韦伯的指导下完成了本科论文《犹太律法:对于研究离散的犹太教徒的贡献》,他也是弗洛伊德的学生卡伦·霍尼的助手和情人。不过,无论在宗教研究、精神分析领域多么出色和优秀,要跻身于人类伟大的思想家行列,为二战后国际社会寻找解放人类政治的出路,弗洛姆都必须对存在问题做出回应。

萨特认为存在主义是一种人道主义,他不建议把人看作是现成给定的、本身完整的,而把人重新定义为"存在主义的人类主体",是一种建构,需要再创造的人类主体。弗洛姆与他同时代的伟大的思想家一样,站在了人道主义的行列。他认为回答爱情的重要意义,必须要以人的理论、人的生存理论为前提。动物的爱情是基于本能的,人类作为动物,他的根本要点是超越动物界,超越本能的适应性,因此人类的爱情必然是超越人的本能,指向更高级的存在的,这从人类离开自然界之后的孤寂命运中可以找到证据。虽然人类并不能完全脱离自然,但自从人类被赶出伊甸园,人就永远不可能再与自然合二为一了,所以必须要回归到人类存在之初来理解爱之于人类存在的意义。

第一节 走出伊甸园的人

宗教是人类的神谕。人类的第一次存在危机来自人类对上帝命令的违抗,这诞生了令人类自豪的东西——自由。弗洛姆以亚当和夏娃的故事开始,从宗教文化的源头探索了西方人心灵世界一直存在的存在危机。当亚当和夏娃从伊甸园里被赶出来,带有火箭的天神挡住了人的归路,人类再也找不到回家的路。从此,人在某种程度上就和创造他的上帝,和他赖以存在的超自然的伊甸园脱离了关系,他们也失去了在伊甸园里合二为一的完美状态。曾经,亚当说夏娃是他骨中的骨、肉中的肉,而这一切都随风而逝,他们互相成了彼此原罪和羞耻的见证。伴随着他们的是一个永远的诅咒,他"必终身劳苦,才能从地里得吃的""必汗流满面才能糊口",他必须要面临死亡,因为他"本是尘土,仍要归于尘土"。而她"生产儿女必多受苦楚",她又必受丈夫的管辖,"你必恋慕你的丈夫,你的丈夫必管辖你"。他们不得不共同面对一个新的自然世界,一个他们不能逃离的充满了危险的自然世界。然而,这却是一个自由的世界。人,如何面对他的自由呢?

自由的诅咒

弗洛姆认为,人的存在与自由是密不可分的。《圣经》中人被逐出天堂的神话景象生动地反映了人与自由的基本关系。在伊甸园里,人与自然浑然一体。那里只有和平,没有劳动,没有选择,没有自由,更没有思考。人被禁止吃分别善恶树上的智慧果,人却违反了上帝的禁令,偷吃了禁果,这是人类第一次的不服从行为,也是人类第一次的自由行为。这在宗教看来是恶的,但在人看来,是自由的开始,它意味着人类从无意识的前人类生命存在的状态中走出来,跃升到人的阶段。可以说,不服从是理性的开端,也是人向成为"人"迈出的第一步,人类打破了与自然的和谐状态,从而使自己超越了自然,不再是它的一部分。然而,当人摆脱了天堂甜蜜的束缚,获得了自由,新获得的自由却成了诅咒,孤寂随之而来。原来在伊甸园里的世界,犹如母亲的子宫,给了他安全感和归属感,他能感到生命的根,虽然他无自由可言,但是他很安全。在切断了脐带,挣脱了束缚之后,当人的个体化进程开始发展,面对广阔的世界,他会觉得世界强大无比,能压倒一切,而且危险重重,由此他产生一种羞愧、恐惧、无能为力和焦虑感,他感到很孤寂。

这在亚当和夏娃偷吃了分别善恶之树的果子后,就立刻产生了。亚当和夏娃在吃完分别善恶树的果子之后,他们的眼睛明亮了,发现自己是赤身裸体时,他们立刻用无花果的叶子遮挡自己的身体,因为他们感到很是羞愧。许多人把窥见性部位认为是亚当和夏娃羞愧感的来源,这种解释在弗洛姆看来肯定是不对的。他认为,肯定不是性部位让两个人感到羞愧、感到隔离,而是他们吃了分别善恶树上的果子眼睛明亮了,他们的理性启蒙了,突然意识到了他俩之间的区别和距离,知道他俩属于不同的性别,但他们却没有任何方式能让双方重新达到新结合,恢复到原来合二为一的状态,这才是亚当和夏娃羞愧的根源,这也是引起他们负罪和恐惧的根源,因为他们无力回到原来完美合一的状态。人类并不是先天就会去爱对方的,在偷吃禁果前,亚当和夏娃不需要学习如何爱对方,上帝将他们自然地黏合在一起。这从上帝追问,亚当把责任推卸到夏娃身上,而不是试图为夏娃辩护,这一事实就可以证明。在伊甸园里,亚当和夏娃并没有学会爱,伊甸园里只有顺服,没有人类之间的爱情,他们也没有意识到通过爱可以达到新的结合。这些都是人类在走出伊甸园之后,理性发展之后的新认识。

孤寂感

走出伊甸园是人类理性的开始,它让人意识到他再也回不去伊甸园了,他是带着诅咒生活在世界上的,而世界也已经被诅咒;他意识到世界的不安全,意识到他必须和其他人一起面对世界,否则他就形单影只;他还意识到他必须要生育繁衍,这是诅咒也是祝福;更重要的是他意识到人无法掌控自己的命运,人从一生下来就被推进了一个不确定的、完全开放但又无法掌控的命运中,除了确信人人都会以死亡告终以外,人类对于自己的未来是一无所知的,这进而让他意识到自己的孤独、空虚、与世隔绝。弗洛姆认为,在走出伊甸园之后,人只是完成了"摆脱束缚、获得自由"的第一种自由,人类还存在着第二种自由,"自由地发展"的自由,这是伴随人理性发展、个体化成熟的高级阶段的自由,但它会带来更深的孤独感,因为自由中蕴含着不服从,它令人感到被世界抛弃而缺乏安全感。当人从人与自然的原始一体化中获得的自由越多,越成为一个"个人",他就越别无选择而越发感到孤寂。除非他能够发现,在自发之爱与生产劳动中,人能够与世界相连来平衡他的孤寂,否则他可能会宁愿放弃一些自由,甚至寻求一种破坏其自由及个人自我完整之类的纽带与社会相连,以确保安全。①

孤寂会带来恐惧感,孤寂感是每种恐惧的根源。如果人不能对世界有新的认识,或者与世界重新结合起来,世界就成了无法忍受的监狱,如果他不能从世界的监狱中解放出来,他就会抓狂。因为孤寂意味着与外界没有联系,不能发挥人的主观力量,意味着世界把人淹没了,而人却毫无招架之力,这种无力感就会引起强烈的恐惧,令人生活在绝望中。人的理性、求生的本能,使他不能让自己一直处于绝望中,他要为自己寻找出路,他渴望克服孤寂,超越个人的小天地实现人类的大同。但如何克服孤寂感?这个问题在不同文化和时代中都被追问过,原始时代的人和游牧民族以及我们现在的人,给出的解决方法都不同。人在生物学上的弱点,恰

---

① [美]艾里希·弗洛姆:《逃避自由》,刘林海译,上海译文出版社有限公司2015年版,第14—24页。

是人类文化产生的条件,历史在某种程度上就是宗教和哲学的历史,是人类对孤寂的命运回应的历史。

摆脱孤寂

原始时代的洞穴人,会通过图腾崇拜来缓解孤寂感,他们在脸上、身上描绘某种动物或植物,或者想象中的动植物,将图腾作为部落里的社会组织的标志和象征。人们相信他们可以得到图腾的保护,而图腾可以将部落里的人们团结起来、促进他们的关系,让他们不再感到孤独和惧怕,从而产生安全感。游牧民族终身与马相伴,他们到处迁徙,没有特殊情况他们不会离开自己的游牧部落,拒绝住在任何建筑里,屋顶之下的生活让他们没有安全感。群居能够减少人们的孤独,这只是逃避自由带来的恐惧和孤独感的一个方式。在古希腊人们就发现了,在酒神狂欢节的庆祝中人们也可以忘记人作为动物的悲剧性存在。然而,这些都阻碍了人朝向"自由自在发展"的自由。

孤寂是一种人类的命运,孤独感却是一个人的常态,感觉孤独是一个人最大的恐惧。孤独就是一个人"我"的形成。摆脱孤独,取决于一个人所达到的个性的高度。从孩童和成年人的区别来看,在一个孩子身上,当"我"还没有形成时,他是无力摆脱孤独的。只有他成年了,他的个性成熟了,他的"我"形成了,他才能有勇气面对自由带来的孤独。在幼儿阶段,每个孩子都和母亲融为一体,只要母亲在他身边,他就不会感到孤独。他的孤独感通过母亲的乳房和肌肤的接触而得到缓和,他的自我也并没有发展出来。可是到了孩子逐渐发育到形成自我的时候,他的孤独感就产生了,母亲的存在不再足以消除他的孤独感,他必须想尽其他方法来克服这种孤独感,他会向外寻找朋友、伴侣、宗教来消除这种折磨人的精神痛苦。人类在孩提时代几乎是以同样的方式体验与大自然的和谐的,在人类的早期时代,人类是没有自我的,人并没有意识到自己与动物的区别,甚至他们会将自己装扮成动物、崇拜动物图腾,或者让自己装扮成某些动物神,来让自己与自然达成和谐。然而,人类越摆脱原始的纽带,越疏远自然界,他的自我就越成熟,他的孤独感就越强烈,他就越要寻找各种途径来摆脱孤独。

第二节 逃避疏离

所有时代和所有文化之中的人——永远都面临着同一个问题和同一个方案,即如何克服这种疏离感:如何实现与他人的融合,如何超越个体的生命,如何找到同一。在人类还没有学会将爱作为实现人与人的融合的唯一途径以前,人们通常会采取三种与人融合的方式来逃避疏离感,但这恰恰都被证明是错误或收效甚微的。

纵欲狂欢

第一种常见的模式是纵欲狂欢。原始部落的许多仪式提供了这方面活生生的例子,在酒神节上,人们喝得酩酊大醉,不分阶级、肆无忌惮地醉饮。在短暂的极度兴奋中,世界消失了,人与人之间的界限也消失了,与世隔绝的感觉也随之消失。酒神节在意大利南部有着悠久的历史,这个节日从意大利南部传入罗马后,举行的次数多达一个月五次。这种狂欢酒宴的节日使罗马元老院于西元前186年发布命令:在全意大利禁止酒神节,但多年来这一节日在意大利南部却没有被取缔,被一直保留下来。集体性纵欲的仪式在古代流传得很广,在中西方文化中都有,它可以让参与者在此后一段时间内不会有强烈的孤独感,原因是参与集体纵欲活动不太可能产生恐惧和羞耻感,这种行为在集体中是正确的,甚至是一种美德。他不仅得到团体中领导者的同意,甚至还会得到他们的支持,因此参加者没有必要感到羞愧或负罪。如果一种文化允许集体纵欲,那么参与者还会体验到与一组人分享共同命运的感受,从而加剧这种恍惚的效果。只是这种仪式产生的效果不会持续太久,不久孤独感又会产生,就必须重复这些集体性纵欲的仪式。

在讲究严格的现代文明和道德的文化中,如果人们还是采取集体纵欲的方法,就会遭受社会道德的指责,甚至被关进监狱。但这些严厉的社会规范,依然没有能够禁止人们纵欲的选择。弗洛姆认为,纵欲的方式一般都很激烈,需要整个人包括身心都投入进去,但只会带来短暂的麻醉,效果只能持续很短的时间,所以这些活动需要不断重复,但这只能加剧人们的孤独感,人必须要面对自己存在的问题。

顺从同一

与此截然相反,第二种常见的排遣孤独的方法是与更多的人保持一致,通过同一组人的风格、习惯、看法保持一致,来达到同其他人的结合。弗洛姆认为,与他人保持同一性是社会发展的结果,有一个历史的脉络可循。在低级社会或原始社会中,人们往往与血缘关系相近的人组织生活在一起。慢慢地随着社会经济文化的发展,这一组人的人数也随之增长,它变成了一个政治体、国家或教派。人们必须要削弱自己的个性或者出让一部分自己的个性权力给予组织,才能得到组织的保护。与其他人的感情思想保持一致,与其他人的衣着习惯和看法保持一致,向这一组人的楷模看齐,会让个体不会再经历可怕的孤独,产生群体归属感。

这在中世纪和封建文化中都有明显的表现。中世纪的人在现代意义上是不自由的,但他也不孤独。他从一出生,便在社会体系里有一个确定的、不可变更的社会位置。他是农民、是工匠、是骑士,他与他的家族、他的社会角色密不可分。社会等级给了他一种安全感和归属感，他遵循着按部就班的生活，他的服饰、日常礼仪、婚嫁，从出生到死亡都遵循着既定的规范。尽管人类已经走出了中世纪，但许多人面对自由的"人"的觉醒却没有走出中世纪。人们害怕与众不同，与众不同会带来实际危害，保持同一可以避免麻烦。考虑到这些，在现代社会中人们多半是自发的而不是被迫地去与某一个组织或团体保持同一性。在中世纪，人类意识的两个层面——内心自省和外界观察都是处于半梦半醒的状态，人只是作为一个种族、民族、党派、家族或社团的一员而存在，而现代社会中已经意识到自我存在的人们却主动放弃了清醒的选择，而宁愿装睡，这就是一种病态的人格结构。专政形式的国家或者权威主义的社会，往往会让人不由自主地放弃自由而选择与大众保持同一，他们通常会通过威胁和恐怖手段去制造同一状态，原因是这种病态的人格结构已经传染到社会，形成了一种受虐型的社会性格。他们通过反复灌输个人是微不足道的，不值得一提的观念，让大众形成了服从型的性格，从而在强大的权力面前膜拜，消灭了自我。

纳粹统治时期这种现象就很明显，但民主政权的国家也好不到哪里。在一个民主主义社会，大多数人并未觉察到自己身上有这种与他人保持同一性的要求，他们以为自己是按照个人的意愿行事，是具有个性的人，但这种想法不过是一种幻觉。他们没有仔细研究过他们所接受的信息、观念和时尚,实际上与他人接受的信息是一模一样的,他们自以为经过自己大脑思考形成的是自己的看法,其实不过是被他人同化的看法而已。他们将与大多数人观点吻合,当作巧合和对自己观点正确性的证明,他们没有意识到他们已经潜移默化地丧失了个性。拥有独立的个性是非常难的,人类很难找到更好的模式来实现人与他人的结合,而采取与同一群人保持同一的方式,却是最容易的。在生活中,人们都渴望与众不同,并且积极地用行动来表达,有的人会在手提箱和毛衣上绣上自己的名字的缩写,或在玻璃窗口挂上自己的名牌,或加入某一个政党、社团、慈善机构,等等。现代广告业,尤其喜欢用彰显个性的与众不同来吸引大众,"来点别的"、"我就是我",这一类广告口号的流行,恰恰证明了在一个几乎不存在个性的社会现实中,人们是多么需要个性。

西方社会一直在追求个性发展,诡异的是为什么在追求的过程中却演变成同一性了?弗洛姆认为,这种反讽的现象,与社会中"平等"一词的发展演变紧密相关。原本,平等具有两个相辅相成的概念。在宗教中它意味着我们都是上帝之子,每个人都是上帝本质的一部分,都是一体的,但它同时也意味着应该尊重人与人的区别,因为我们虽是一体,但我们每个人又是只存在一次的完整体,是自成一体的宇宙。譬如在犹太经书中就肯定了人的一次存在性:"谁拯救了一个生命,就等于拯救了全世界;谁破坏了一个生命,就等于破坏了全世界。"在西方启蒙运动的哲学中,平等指的是发展个性的条件,人人都是平等的,人人都应当是一个目标,而不是他人的工具。但在当今资本主义社会,工业化的发展使人变成了机器,平等的概念也发生了变化。平等,不再是独立个性的平等,而是失去个性的人的平等,平等意味着一个模式,变成了一个抽象的统一模式:是做同样的工作,寻求同样的享受,读同样的报纸,有同样的思想感情的人的模式。

弗洛姆以男女平等为例,批判了这种失去个性的平等。他认为,从启蒙运动的哲学论点来说,灵魂是不分性别的,这是男女平等的基础。但是在发展的过程中,男女平等却使性别的两极消失了,以这两极为基础的性爱也随之消失了,这种抹杀了个性的平等并不是真正的平等。男子和女子完全相同,他们不应该是作为对立的两极而平等,而是有各自特点的两极而平等。机械化社会的弊病是鼓吹实现非个性化的平等理想,同时将人原子化,为的是推动社会的理想化运行。尽管每个原子化的人,都确信他们是按自己的意愿行事,他们之间也能够顺利合作,但是他们无非是棋子、螺丝钉,符合社会发展对人的规格化的要求,这是不可能产生真正的平等的。

通过原子的同一化达到的人与人的结合,虽然可以让人持久性地感到不那么孤独,也不会一时冲动做出出格的事情,但这种同一化却使人失去了个性,是违背人类的理性追求的,也不能够真正地解决人与人之间的孤独感。然而遗憾的是,社会是个大熔炉,人在三四岁时被引入一个模式,从此他就不会失去同这种模式中的人和事物的联系,甚至他的人生的最后一项重大的社会活动——葬礼,也将按照这种模式进行。

同一性可以减轻由于追求个性而带来的孤独感,减轻人们在这个世界上生存的恐惧感。在这个方面,工作和娱乐对同一性也有不可觉察的塑造作用。在现代工业社会,人作为劳动大军和管理阶层的一员,仅仅是一个符号而已,他几乎不需要有任何的主观能动性,他的任务由劳动组织派定,领导和被领导之间也几乎没有区别,因为他们都在行使整个组织机构规定的任务,不仅要按照规定的速度,也要按照规定的方式完成,甚至他们的各种感情,如高兴、宽容、信任、雄心,以及同每个人顺利合作的能力都是预先规定的。他们的娱乐方式看似可以自由选择,各不相同,其实也都潜在地被大众媒体或各种意见领袖预定。比如,周日驾车远足、看电视、打牌和社交活动,从生到死,从星期一到星期日,从早到晚,所有的活动几乎都是千篇一律的,都是被这样或那样的意见领袖或群体或者是大众媒体所塑造的。我们已经落入了一个同一性的网络中,在网络中人如何才能不忘记他是一个人,一个只存在一次的人,一个只有一次生存机会、能经历希望失望、担心和恐惧的人,一个渴望爱情和受到虚无与威胁的孤独的人？弗洛姆对人类社会的未来提出了质疑。

创造性的劳动

第三种达到人与人统一、和谐的方式是通过创造性的劳动。这最明显地表现为艺术家和手工艺者的劳动。西方社会对于创造性的活动有着深厚的热爱，舞蹈、歌唱、绘画、表演、木工，在诸如此类的创造性的活动中，艺术家们常常会感受到一种忘我的巅峰体验，这种状态被积极心理学家米哈里·希斯赞特米哈伊称为心流体验（flow）。在创造性的活动如画画、写作或摄影中，个人能够体验到沉浸在境界之内的欢愉感和满足感。这种满足感与感官纵欲的满足感不同，感官享乐当下感觉很强烈，但很快就会消退，事后并不能让人们变得更有智慧或强大。这种创造性的活动对人的发展是有帮助的，在创造性的劳动中，创造者同他的物质，同他的对象达成了一致，无论是木匠做一张桌子，还是金匠打一件首饰，无论是农民种田，还是画家作画，在每种创造性的劳动中，劳动者和对象合二为一了，人在创造的世界中同世界一致，这让他能够暂时摆脱他的孤独感并感受到愉悦和欢欣。不过，这种欢欣仍不能持久，我们看到艺术家自杀或抑郁的新闻经常登上头条。创造性的劳动，为人打开了一扇通往伊甸园的大门，人可以在他热爱的工作中忘却孤独，但仍不能根本上解决人的孤独。即使能够短暂地心灵愉悦，摆脱孤独,这一个创造性的活动也只适用于艺术家和手工艺人等那些心灵自由的人。一个流水作业线上的工人很难接触到创造性的劳动,他在现代化工业程序中已经失去了创造性,已经变成机器或官僚组织的一部分,他不再是自我,因为他除了被动适应社会外,再没有与社会这一对象达成一致的可能性,而只有为了生存保持同一性。

自由带来了孤独,但自由是所有成长的基本前提。人类要从自己的幼年期走向成熟期,就要面对孤独。人只有彻底地摆脱周围世界,让自己不再感到与世隔绝,他的全部孤独和恐惧感才会得到克服。当一直隔绝的世界从他的生活中消失了,或者说他进入了他渴望的世界,人类的恐惧感和孤寂感就自然消失了。因此,他必须要用一种新的、充满人性的——神性的和谐,去取代那些永不复返的人与自然的和谐,他必须学习一种新的认识人类的方式,他必须要学习一种新的与自然、与人类、与宇宙对话的语言——爱。

第三节 爱是人类存在的唯一

弗洛姆指出人类作为群体性社会动物,在内心里有着强烈摆脱孤独与他人融合的渴望,但关于人类为什么害怕孤独,为什么渴望与他人融合,弗洛姆并没有给出更多现代心理学的证据。在其之后的人本主义心理学家罗洛·梅和心理学家哈罗的实验以及情感社会学家特纳和积极心理学家们很好地回答了这个人类认识问题。

人类渴望融合

罗洛·梅认为存在的本质就是存在于世(being-in-the world),当人通过存在感体验到自己的存在时,他首先会发现,自己是活在这个世界之中的。人存在于世表现为三种方式:(1)人存在于周围世界中。周围世界是指人的自然世界或物质世界,它是宇宙间自然万物的总和。(2)人存在于人际世界之中。人际世界是人的人际关系世界,是人所特有的世界。人在周围世界中存的目的在于适应,而在人际世界中的目的则在于真正地与他人交往,在交往中增进了解并相互影响。(3)人存在于自我世界。自我世界是人自己的世界,是人类所特有的自我意识的世界,它是人真正看待世界并把握世界意义的基础,它告诉人,客体对自己来说具有怎样的意义。[1] 人可以同时处于这三种方式的关系中,当三种关系达到和谐时人就会处于比较愉悦的状态。如果这三种关系出现破裂,人就会产生焦虑感等负面情绪,如果到了一种极端的程度,人就会出现精神问题。

---

[1] [美]罗洛·梅:《爱与意志》,宏梅、梁华译,中国人民大学出版社 2010 年版,第 15 页。

1959年,美国动物心理学家哈洛做了著名的恒河猴实验,证明了爱在养育婴儿中的绝对性地位。哈洛为新生的小猴制作了两个妈妈:一个是用铁丝编成的"铁丝妈妈",但能够提供奶水;另一个是用母猴的模型套上松软的海绵和绒布的"绒布妈妈",能够提供接触感。实验开始,刚出生的小猴被丢进封闭的笼子里,不停发出啾啾的叫声。它们害怕极了,一连几个小时都静不下来。焦躁、恐惧的幼猴蜷缩成一团,情绪极度不稳定。直到几天后,小猴知道母亲不会出现,便把感情转移到"绒布妈妈"。它们爬到"绒布妈妈"身上,趴在它胸前,用细瘦的手抚摸它的脸,轻咬它的身体,或在它腹部、背部磨蹭好几个小时。不过由于"绒布妈妈"无法供应奶水,小猴肚子饿了,会冲向"铁丝妈妈",吸取源源不绝的乳汁,吃饱后又回到"绒布妈妈"柔软的怀抱,享受安全感。

实验统计结果表明,每天24个小时中有将近18个小时,小恒河猴待在能够提供接触感和依恋感的"绒布妈妈"怀里;而只有3个小时,趴在只提供奶水却没有任何可以依恋的"铁丝妈妈"怀里吸奶;其他时间在两边跑来跑去。研究者继续观察这些猴子,由于在生命早期缺乏母爱,这些恒河猴所受到的伤害使得它们在余生很难恢复与其他猴子之间正常的社会交往和关系。哈洛的实验表明,除了基本的饥饿、干渴等生理需求外,动物和人类还有一种要接触柔软物质的需求,接触性安慰是一种基本需求,这种需求就是渴望爱的亲密感,它会影响人和动物的终生。

20世纪80年代,美国的情感社会学家特纳对人类的情感起源进行了研究。他将人类的基本情感分为喜、怒、哀、惧四种,其中有三种情感是负性的,具有破坏性,很难将人类社会组织联合起来。常见的人类情感,很少有纯粹的基本情感,大部分都是以基本情感为基础,在不同程度上组合派生的复杂感情。然而这三种负面情感的互相复合,将会产生三种极具破坏性的个人和社会情感——羞愧、内疚和疏离,其中疏离感是最具破坏性的。疏离感,主要由失望、悲伤,对情境或社会结构的愤怒,以及对没有实现期望而产生的恐惧造成的。它表现为孤独感、寂寞感、陌生感和孤立无援感,严重的疏离感会产生冷漠、暴力、痛苦绝望、无个性的贪婪。芝加哥神经科学家乔波研究发现,寂寞能增加早逝的概率达14个百分点,是肥胖的两倍。

笛卡尔说:"我思故我在。"从自我精神存在的角度认识了人类的存在,但从存在的情感意义上来说,爱才是对人类存在问题的回答。爱是一种独特的原始生命力,它能推动人与所爱的人或物相联系,结为一体。人类渴望亲密,爱具有治愈性。电影《超能陆战队》中有个体形胖嘟嘟的充气型智能机器人叫大白。大白细心善良,总是在队友伤心难过的时候送上一个大大的拥抱。大白的拥抱具有疗愈性。每一次的拥抱,就是一次接纳的体验,就像妈妈的怀抱。心理学家萨提亚说,要生存,我们每天需要8个拥抱;要成长,我们每天需要12个拥抱。积极心理学家们说,每天拥抱5次,幸福指数可以大幅提高。霍金在《大设计》中写道,如果宇宙不是你所爱之人的家园,那这个宇宙也没什么值得探求的,对人类而言非爱即毁灭。人类只有通过爱,通过真真实实、富有生命力的爱,才能真正地达到与世界、宇宙、天地、人的融合,才能真正在人与自然世界、人与人际世界、人与自我世界的三个存在中寻找和谐。

渴望阴阳两极的融合

除了渴望与人融合摆脱孤寂,人类还存在一个更生物性的要求——阴性和阳性的结合,这是爱情作为人类存在问题回答的重要依据。阴阳两性的结合在神话故事中表现得最为明显,比如柏拉图《会饮篇》中圆球人的神话,男子和女子本是一体,但这一体被分成两个部分,为了重新和她结合成一体,从那以后男性那部分就开始寻找遗失了女性的那部分。在《圣经》中也有类似的说法,夏娃是亚当身上的一根肋骨所造的,她是他的一部分。这个故事虽然很明显表明了父系社会的思想体系,女性从属于男性,但它指出了两性的差异和人们渴望寻找一种特殊的方式来实现与异性结合的本能需要。

弗洛姆认为,男女本身就具有生理上的不同,男子和女子都有异性的荷尔蒙,从心理学角度来看,他们也都是双性的,都具有接受和渗透物质与精神的原则,因此并不存在谁从属于谁。但是,男子和女子却需要相互结合,因为只有在阴阳两极结合中双方才能找到内心的统一。阴阳两极是每种创造性劳动的基础,阴阳两极也是人与人之间的生产力的基础,这一点很明显地表现在精子和卵子的结合是生儿育女的基础这一生物现象上。从心理角度来看也是如此。在男子和女子的爱情中,双方都因结合而获得新生,然而没有两极结合的同性恋的结合却达不到这种体验,他们无法体验到两种差异性的存在与统一,因此同性恋者永远不会脱离孤独的折磨,同性恋者同不能施爱的异性恋者一样,都实现不了两极的结合。阴阳两极的原则广泛地存在于自然界中,也存在于两个基本作用的对立之中,即接受的作用和渗透的作用,这就是大地和雨,河流和海,黑夜和白昼,黑夜和光明,物质和精神。伟大的伊斯兰教诗人和神秘主义者鲁米的诗歌就非常优美地表达了这一点。

事实上寻求爱的人不会不被所爱之人所寻求。

如果爱情的明灯照亮了这颗心,它也必然会照亮那颗心。

如果对神的爱在你心中,那神也会加爱于你。

一只手拍不响。神的圣明是命令,是他的决定让我们相爱。天意使世界的每一部分同另一部分成双作对。

在圣人的眼里天空是男子,大地是女子:大地接受天空掉落之物。

大地如果缺少温暖,天空给予之;大地如果失去滋润,天空给予之。

天空的行踪犹如丈夫的足迹,丈夫为了妻子在寻找食物。

而大地则操持家务;她帮助生命的诞生,抚养她所生之物。

把大地和天空看作是赋有智慧的生命吧,因为它们的行为同智慧的生命完全一样。

如果它们不能从对方得到欢乐,它们怎么能紧紧相偎如一对恋人呢?

如果没有大地,花草树木又怎能生长?

天空的水和温暖又能带来什么?

神在男子和女子身上播种、传宗接代保存世界的愿望,神也在生命的每一部分播种要求同另一部分结合的愿望。

白昼和黑夜表面看来是敌人,但它们却都是为了一个目标;因为相爱就是为了完成共同的事业。

没有黑夜,人的生命就一无所得,以至于白天也无物可给。

人类渴望阴阳两极结合,但绝不能仅仅理解成渴望性的融合。弗洛伊德认为爱情只是性本能的表现和升华,根据他的生物唯物主义的观点,性本能是体内化学反应引起的一种压力的结果,这种压力会引起不适,所以要得到释放,性要求的目的就是要消除这种折磨人的压力。性要求,就像是一种使人引起痒感的刺激,而性满足就是要消除这种刺激。弗洛姆认为,弗洛伊德的错误在于他没有看到性的心理性的一面,没有认识到性要求是人渴望爱情与人结合的一种表现,也没有看到阴阳两极以及通过两极结合能消除这种两极对立的性要求。弗洛伊德之所以得出这一奇怪的结论,同他极端的父权思想有关,这一思想促使他得出性本身是阳性的结论,以至于使他认识不到性的阴性成分。他的这一观点在他的《性学十三论》中得到阐明,他认为性欲一般来说具有"阳性的性质",不管是男子的性欲,还是女子的性欲。他的这一观点还以更简单的形式出现在他的理论中,他认为一个男人体验到的女人是一个被阉割生殖器的男人,而女人只是通过不同的方式企图寻找她丢失的男性器官的代用品。

弗洛伊德的观点的确有一些漏洞,弗洛姆认为女人不是一个被阉割了生殖器的男人,女性的性欲不是阳性的性质,而是阴性的性质。两性之间的性吸引力仅仅只有一部分是以消除生理上的压力为动力的,但主要的结合动力是两性都有同另一个性别相结合的要求。性爱的吸引力绝不仅仅表现在两性的吸引力上,性欲的性质以及性作用都是既具有阳性,也具有阴性的。阳性的特点是渗透、指导、积极、守纪律和善于冒险,而阴性则具有接受、保护、求实、忍耐和母性的特点。这两种性质在每个人身上都会出现,只是侧重点不一样,有的人阳性特点多,有的人阴性特点多。如果一个男子的男性特质,从感情角度来看,始终保持一个孩子的水平,他就会想方设法通过在性生活方面过分强调他的男性而平衡这一缺陷。唐·璜就是一个例子,他总要在性方面证明他男子的力量,这恰恰是因为他对自己的男性特质产生怀疑。如果这种男性的衰竭变成极端,就会以一种变态的方式表现出来,如施虐癖通过施用武力来取代男性特质,如果女性特质减弱或者变态就会出现受虐癖的倾向。

弗洛姆承认性的重要性,但他并不像其他的批评者批评弗洛伊德过于强调性的作用。弗洛姆认为那些对弗洛伊德的批评,往往是为了避免他们的传统观念引起的反对和批评。随着时代的发展,新风俗在西方社会 50 年间发生了巨大的变化,弗洛伊德的理论在中产阶级中已经不再会引起人们的惊骇了。然而,弗洛姆认为,弗洛伊德的理论只唤醒了人们对性的关注,还未能让人们更深刻地理解性的作用,性只被定义在生理性的范畴,而未列入人类生存这一哲学命题的范畴,因而弗洛姆认为很有必要把弗洛伊德的发现,从生理的范畴转换到生存的范畴中,进一步来充实和发展他的理论。

爱是人类融合的唯一真正的方式

人类渴望摆脱疏离,与世界、人、神和自我结合达到人的存在的和谐状态。人类渴望认识他人、认识自己,来摆脱孤独的焦虑状态。德尔菲的箴言"认识你自己",表达了我们要求认识自己和他人的愿望。弗洛姆认为认识自己是全部心理学的渊源,在人类摆脱孤独的过程中,有两种方法可以帮助我们实现对自我和他人的探索。第一种就是权威主义的做法,即拥有掌握对方的全部权利,利用这种权利,我可以随心所欲地支配它,让他按照我的意志去感受、去思想,把他变成一样东西,变成我的东西、我的财产。在这个方面最明显的表现就是施虐癖的极端做法,施虐癖通过要求并使一个人受苦,他折磨和迫使那个人泄露他的秘密,来达到对探索他人的欲望。这种极端的行为,常常带有恣意暴行和破坏狂的基本动机。伊萨克·巴比尔的《小说选》中的一段故事很清楚地表达了这一思想。俄国国内战争时一个军官刚刚把他过去的主人踩死。军官说:"用一颗子弹——我想说——用一颗子弹只能把这个家伙干掉,开枪永远不能深入他的灵魂,到达他作为一个人和有灵魂的地方,但我毫无顾忌。我已经不止一次踩死敌人,每次都超过一个小时,你知道吗?

我想知道生命到底是什么？我们天天遇到的生命到底是什么？"这种想通过暴行和破坏狂的方式来发现人类的秘密，在孩子身上也经常能够看到。孩子随手拿起一样东西把它弄坏，以便认识它，譬如他抓到一只蝴蝶，就会很残忍地把翅膀折断，他要认识蝴蝶，迫使它交出自己的秘密。施虐癖的产生是为了了解秘密，但却一无所得，当他把一个生命一块一块地解体，他所能达到的就是这一生命被破坏。

除了通过暴力和破坏狂的行为来认识人类的秘密，还有一条认识人类秘密的途径就是爱。爱是积极深入对方的表现，在这一过程中，我们希望了解秘密的要求通过双方的结合而得到满足。如果没有爱，在结合的过程中，我认识对方，认识自己，认识所有的人，但还是"一无所知"。因为我对生命的了解如果是通过思想传导的知识，而不是通过唯一的人与人的爱相结合，那么即使我积累的知识比现在高出1000倍，我仍然无法深入到对方，仍然无法找到人类的秘密。我们很难深入到事物最本质的地方，我们对自己是一个谜，别人对我们来说也永远会是一个谜，能够全部了解人的唯一途径是思想上的认识。这正如海德格尔在《存在与时间》中写道："认识的本身已提前存在于某个在世的存在之中。"我们对爱的认识，实际上已经提前在爱的存在之中了，只是我们的思想还没有认识到。

爱，这个词的拉丁语，Amor，就是"我想存在"（拉丁语，

volo ut sis)的意思。圣奥古斯丁说,用拉丁语说"我爱你",就是在说——"我希望你'是你所是'的存在"。乔治·阿本甘在一篇散文中甚至认为,爱情超越了所有的认识,它以一种更具先天性的开放模式存在,从某种意义来讲,可以说这就是《存在与时间》的核心问题。[①] 在认识爱的过程中,我们可以借鉴认识神的方法。在认识神上,人们存在两种认识的方法:一是传统主义,一是神秘主义。传统主义主张人们从思想上来认识神,从而做出对于上帝的判断。但在神秘主义中,人们已经放弃了从思想上认识上帝,取而代之的是体验同上帝的结合,在这种结合中上帝已经不复存在,因此也没有必要去了解上帝了。

体验同人的结合或者用宗教的语言表述同上帝的结合,这绝不是非理性的。我们大脑获取的知识是有一定限度的,而且这种限度绝非偶然,我们也永远不可能靠知识来了解人和宇宙的全部秘密,但我们可以通过体验去把握它。心理学作为一门科学也有其局限性,但心理学归结到最终的结论就是爱,这就像神学的逻辑结论是神秘主义一样,我们通过体验可以把握整个世界和宇宙,通过体验可以达到与人的融合。但在这一过程中,我们还必须要具有客观的能力,必须

---

① [法]奥德·朗瑟兰、[法]玛丽·勒莫尼耶:《哲学家与爱》,郑万玲、陈雪乔译,华东师范大学出版社2021年版,第226页。

要让自己变得客观,能客观地去认识自己和对方才能使自己看到对方的现实状态或者能够克服幻想和想象中被歪曲了他的图像。可以说,人只有客观地认识一个人,才能在爱中了解他的真正本质。

第二章 母爱与爱的能力

第一节 儿童爱的能力的发展

爱的能力,是弗洛姆在《爱的艺术》中最重要和经典的关键词。弗洛姆认为爱是一种能力,一种可以被培养和发展出来的能力。人如果能够去爱他人,就证明他拥有这种能力。一个人之所以不能去爱人,是因为他丧失了这种爱人的能力。爱的能力,是一种看不见的能力,是发自人内心深处的一种爱的力量,它是面向所有人的一种态度,是一种性格结构。爱的对象可能会消失,但爱的能力却不会消失。在《爱丽丝漫游奇境》中,爱丽丝曾有过这样一次奇遇,她与一只坐在树上的微笑着的切希尔猫闲聊着。突然,猫开始消逝了,首先是它的尾巴,然后一点点的,整只猫都悄然不见了。猫虽然不见了踪影,但是它的微笑却依然存在。爱丽丝不敢相信眼前发生的一切,因为她只见过不笑的猫,却从来没有见过无影的猫的微笑。爱就是不存在的存在力量。奥地利的心理学家阿德勒曾经说过:"幸运的人一生都在被童年治愈,不幸的人一生都在治愈童年。"儿童时期的遭遇会影响人的爱的能力发育。不论是阿德勒、弗洛伊德,还是弗洛姆,都认为生命早期的养育质量决定一个人的一生。弗洛姆认为婴儿早期与父母建立的爱的关系,决定着成人后爱的能力的发育状态。

儿童心理性欲发展

精神分析是治疗神经症的一种方法,也是心理咨询与治疗的开端,最早由西格蒙德·弗洛伊德创建。精神分析学家对人的精神问题研究通常会追溯到人的童年时代,尤其是3~6岁阶段,并且认为人在成年后出现的强迫症、焦虑症和恐怖症等都和早期的性压抑有关。儿童性欲研究是精神分析学家的重要内容。弗洛伊德在《精神分析入门》一书中,以性感区为基础,将儿童的心理性欲发展划分为五个阶段。

第一个阶段叫口唇期,大约从出生开始到一岁半结束。这时候儿童的性感区是嘴和唇。对性表现具有三大特征:性快感的来源与维持生命的觅食活动有关。这一时期婴幼儿通过吮吸、咀嚼、吞咽、撕咬、紧闭等来获得性满足。若满足不适当,过多或过少,人格发展可能会固着和退缩到这一时期。尚不知道有性的对象,是一种自体享乐。性目的受性感区直接控制,也就是说直接受嘴巴欲望的控制,没有其他方面的性感区。

第二个阶段叫肛门期,大约在一岁半到三岁期间。动欲区在肛门,能从排便得到快感体验。这时候,父母及时的排便训练,能够让孩子建立更好的控制力,建立良好的习惯。但如果父母训练不当,与儿童发生冲突,则会导致所谓的肛门性格。其中一种是肛门排放型性格,这种性格表现为邋遢、浪费、无条理、放肆、凶暴等,这种情况常常是因为父母对于孩子排便训练过晚,造成了孩子松散、邋遢的习惯。另一种是肛门便秘型性格,表现为过分干净、过分注意条理和小节、固执、小气、忍耐等,这种情况是因为父母对孩子排便训练过早或过严,让孩子产生了排便的心理压力。弗洛伊德特别强调父母应注意儿童大小便的训练不宜过早、过严,让孩子从排便中得到充足的快感体验。

第三个阶段是性器期。在 3～5 岁之间,也有人划分为 3～6 岁,动欲区是外生殖器。这个时候的孩子已经能够认识到两性之间的差异和自己的性别。力比多集中投放在生殖器部分,性器官成了儿童获得性满足的重要刺激,表现为这个时期的儿童喜欢抚摸生殖器和显露生殖器以及性幻想。这一阶段,儿童表现出对性的好奇,由此产生一些复杂的心理状况。如阉割焦虑(castration anxiety),即男孩在潜意识里时常有被切除掉性器官的恐惧。相反,这一时期的女孩发现自己缺少男孩那样的性器官而感觉受到损伤,对男孩有阳具一事,既羡慕又嫉妒,产生了所谓的阳具嫉妒。儿童的性爱对象最初是自己身体的某一部位,此时则开始把力比多的兴奋向别人身上转移。由于母亲为幼儿提供了生理上的需要和满足,因而母亲成为儿童最初的性爱对象。这一阶段的男孩会对父亲产生敌意,形成了恋母仇父的恋母情结。此时的女孩则对自己的父亲爱恋,母亲则被视为多余的人,而且总希望自己能取代母亲的位置。女孩子的这种恋父厌母的倾向,弗洛伊德称之为恋父情结。但作为竞争对象的父亲或母亲都十分强大,因害怕阉割等惩罚,最终以男孩向父亲认同,女孩向母亲认同而使心理冲突得以解决。

第四个阶段是潜伏期。在6~12岁之间,这时性力受到了压抑。由于这一阶段与儿童时期毫无掩饰的性力冲动对立的道德感、美感、羞耻心和害怕被别人厌恶等的心理力量的发展,儿童的性心理发育受到了一定的抑制。此时男女生都上了小学,彼此之间的界限明显,保持神秘。性力发展朝向学习、体育、歌舞、艺术、游戏等。儿童在这时期若遇到不良的引诱,就会产生各种性偏离。

第五个阶段是生殖期(或两性期)。也就是从青春期到成年期,是性的成熟期。这时对异性的爱的倾向占据优势。性快感发生了变化,生殖区的主导作用超过了其他性感区的作用;性快感出现了一种新的位相——最终快感,这是生殖器性心理的最主要的性目的,与前些阶段的先前快感正好相反。先前快感只能引起紧张,它只是婴幼儿的性欲,在青春期及以后的成人生活中只起辅助作用,而最终快感则让情感的心理走向了恋爱和婚姻。

儿童爱的能力发展

儿童精神分析学家梅兰妮·克莱因开创了"儿童精神分析",她认为在婴儿性驱力的基础上,婴儿与母亲真实的联系扮演着更重要的关系,它决定了儿童的情感发育。按照弗洛姆的观点,儿童爱的能力的发展可以分成两个阶段,与母亲的关系在早年至关重要,在进入青春期后孩子将面临一个全新的爱的能力的突破和飞跃。

第一个阶段:十岁以下的儿童——我存在而被爱

婴儿与母亲的关系是婴儿认识世界的开始。在刚出生阶段,他与在母亲的子宫里区别不大,他还是不能辨认物体,也没有意识到自己的存在以及他身体之外的世界的存在,他只有对温暖和食物的要求。母亲对他就是温暖,就是食物,他甚至不能将食物与提供食物的母亲区分开来,在母亲的怀抱里会让婴儿感到满足和安全。这一阶段用弗洛伊德的概念就是自恋。婴儿完全以自我为中心,他们的焦点全在他们的生理需求和情感需求上。他们和自然界的灵长类小动物完全一样,饿了就哭,困了就睡。还需要母亲二十四小时的陪伴,需要被亲吻拥抱,给予微笑和表扬,否则他们就会大哭大闹。科学家观察了猴子和人类婴儿的行为,他们的情绪和对母亲的依恋几乎一模一样。在婴儿阶段,婴儿只能意识到自己的内部需求,并不能意识到外部世界与他个人的关系,外部世界的存在对他而言也毫无任何意义。

随着孩子不断地生长发育,他开始逐渐学会区分自我与其他物体的区别,接受事物的本来面目。首先,他发现母亲和自己不再是同一体,母亲的乳房不再是唯一的食物来源,他开始对世界有新的学习和认知,他开始学会语言对话的概念,能够叫出身边物体的名称,开始学习如何对待这些物体,建立他与世界的联系。他开始逐渐习得社会的生活知识,比如火是热的,会烫人;木头是硬的,而且很沉;纸是很轻的,能撕碎。他的知识不断积累,他的学习能力与日俱增。他学习同人打交道,学会吃东西,学会表达自己的愿望,他也学会了观察父母对他行为的反应。他看到如果他吃东西,母亲就会微笑;如果他乖巧,母亲就很喜悦;如果他哭,母亲就会把他抱起来。有时候他对母亲的离开不满,甚至会对母亲发火,拒绝母亲的关爱。

科学家已经发现了一岁儿童会形成一种依恋关系,这种依恋关系会影响到其后期人际模式,甚至是成人后的浪漫关系。一岁儿童会表现出四种典型依恋类型的一种:安全型、回避型、矛盾型和混乱型。安全型的孩子,当母亲在,他就很自在，他们能独立地探索环境，时不时回来找妈妈磨叽一下。当母亲离开时，孩子表现出有点心烦，但是母亲回来就马上回到母亲身边并寻求接触。回避型的孩子，他们不寻求接近母亲，母亲离开后也没什么难过的表现，母亲回来了也还是对她比较冷淡。矛盾型的孩子，他们对母亲的情感状态是一种既积极又消极的混合反应。到了新环境中，儿童紧紧挨着母亲，几乎不去探索新环境。他们在陌生人进来后，母亲离开前，甚至就有些焦虑了，当母亲真的离开时，他们会表现出巨大的哀伤或愤怒。然而一旦母亲回来，他们一方面表现得要跟母亲接近，想要和母亲有身体接触，但另一方面却又选择了负面情绪的身体接触方法，例如他们对母亲又踢又打，往往还伴随着愤怒的表情或者号哭。最后一种混乱型的孩子，他们的表现不可预估，时而平静时而愤怒，这样的孩子与母亲之间最没有亲密关系的安全感。

婴儿与母亲的关系取决于母亲对婴儿的反应模式，他们的反应模式也基于他们自己的依恋风格。大部分母亲，都会对婴儿的情绪做出快速反应，尽量让儿童感觉到被爱，这也并不是否定其他人亦是在婴儿成长中的重要角色，18个月大的孩子，大多数已经可以形成多重依恋关系，这时候父亲一般是作为第一候补进入这一关系的人。但以母亲的爱和依恋为主，婴儿逐渐地产生了一种对于爱的初始体验，那就是：我因存在而被人爱。作为被爱者，婴儿体验到：因为我是母亲的孩子,母亲就应该爱我;因为我弱小,我孤立无援,母亲就应该爱我;因为我长得可爱,就能赢得母亲的喜爱。母亲给予了孩子这种存在而被爱的体验。

弗洛姆认为母爱是一种消极的爱的体验,他让孩子认识到什么都不做,就可以赢得母亲的爱,或者说我只需要是母亲的孩子就可以赢得母亲的爱。母爱的消极特点与婴儿对母爱的要求有关。对于母亲来说,总是需要提前付出自己的爱,才能够让婴儿得以成长,它塑造了一种无条件的爱的特质。这也是灵长类动物对生命的一种迎接方式。人类不能像刚出生的小动物一样,在几分钟内或几天内就可以学会行走、觅食,人类需要大半年时间才能够学会行走,并且需要十几年的时间才能够成年。这种需要注定了人类需要一种无条件的爱,而且是持续的无条件的爱。母爱就是这种无条件的爱的体现。它表现在只要是母亲的孩子,都可以无条件地获得,孩子并不需要为此付出努力。

通常来说,母爱只针对自己的孩子才会产生,它不需要去赢得,而且也根本无法赢得,母爱的排他性正在于此。正因为如此,人们才会无比重视母爱,它对孩子是先天的祝福、是和平的,幼年时缺乏母爱就如同失去先天的祝福。而且母爱也只能在自己的孩子身上唤醒,虽然在其他的孩子身上也能被唤醒,但很难达到同等强度的爱。母爱给予了儿童充分的存在感,这种对爱的原始体验会一直延续到孩子十岁左右。因为八岁以下的儿童对爱的内涵还一无所知,他们还不明白什么是爱,对于为何要爱自己的父母,许多孩子也是一脸迷茫,他们对来自父母和其他长辈的爱的反应通常是感谢和高兴。这就好像许多小孩,会在老师的教导下在母亲节给母亲写贺卡,但第一封爱的表达信却往往是给异性的。直到进入青春期,儿童爱的能力的发育才真正开始。

第二个阶段:十岁以上的儿童——去爱比被爱更重要

到了十岁之后,伴随着青春期的来临,儿童的生理和生活也出现较大的变化。一方面由于神经调节和激素调节,身体迅速生长,新陈代谢旺盛,他们的自我意识和自尊心得到快速发展,总想展示自己;另一方面性意识萌动,让他们对身体充满了好奇,出现了对异性的好感。儿童发展到这个阶段,就会出现一个新的因素,一种新的情感,想要证明自己爱的能力的成人感,想要通过自己的努力去换取爱的冲动感。在生活中,孩子第一次感觉要送母亲或父亲一样东西,写一首诗、画一张画或者做别的东西,他不再满足于受到父母的控制或指导,而希望能够独立地去表达自己的愿望或者独立地去实行自己的想法。他对于爱的观念,第一次从被人爱变成想要去努力爱别人。

不过,从唤醒自己去爱别人的意识,到爱的成熟还需要许多年。儿童的成长也伴随着他们对他人认识的加深。他最终会认识到他人不再会是实现自己个人愿望的工具,他人的要求同自己的要求同等重要,事实上也许会更加重要。他们会意识到"给予"带来的满足感,更能使自己满足,更能使自己快乐,爱别人的体验要比被爱的体验更重要。在不断地想要去爱异性或身边的人的过程中,他心中给予他人爱的力量被唤醒,他逐渐从他的自恋引起的孤独中解脱出来,开始体验关心他人以及同他人的统一。另外,他还能感觉到爱唤起爱的力量,让他再也不必依赖于为了接受爱或为了赢得爱,必须使自己变得弱小、孤立无援、生病或听话。压抑青春期里去爱的冲动,会扼杀儿童爱的能力,使他不敢迈出步子去爱人,而退缩到婴幼儿时期爱的无能为力的状态。一个社会要培育健康的爱的能力,就要在儿童的青春期,唤醒他们去爱的意识,使他们摆脱婴幼儿爱的情感状态,进入成熟的爱。

弗洛姆认为天真的孩童式的爱遵循下列原则:我爱因为我被人爱;而成熟的爱的原则是:我被人爱,因为我爱人。不成熟的幼稚的爱是:我爱你,因为我需要你;成熟的爱是:我需要你,因为我爱你。在天真的孩童式的爱中,我是被爱的对象,并不是施爱的主体,但是在成熟的爱中,我是主动施爱的人,然后我才成为被爱的对象。不成熟幼稚的爱是以自己的需要为中心来交易爱,而成熟的爱是以对方的福祉为中心,将爱放在自我之上。

第二节 爱的对象的发展

与爱的能力发展紧密相关的是爱的对象的发展,可以分为母亲阶段和父亲阶段。在生命的早几年,婴儿和母亲的关系最为密切,在婴儿还未出生以前,怀孕的母亲和胎儿既是一体又是两体,他们密切联合不可分开。但出生改变了这种状况,婴儿必须学会和母亲分开,从他开始学走路和认识世界,开始脱离母亲的怀抱,认识更多与他相似的人类。他同母亲的关系在他推开世界的大门之后,才开始逐渐弱化,他与父亲的关系开始变得重要起来。

父爱与母爱的区别

弗洛姆认为在婴幼儿时期,儿童爱的对象主要是自己的母亲,但当孩子进入儿童期,爱的对象就开始向父亲身上转移。甚至对于有的婴儿来说,父亲是主要的依恋对象。科学研究已经表明,父亲对于婴儿情绪和社会幸福感的发展至关重要。相较于母亲,父亲的行为与婴儿未来精神障碍、饮酒、吸烟与其他物质滥用方面,有着更高的相关度。与父亲的依恋程度高,适合培养孩子更多的社会性规范习得能力和改善其身体健康状况。

然而,父爱和母爱有着本质的区别。母爱本质上是无条件的,母亲热爱她的新生儿,并不是因为孩子满足了她的什么特殊愿望,符合了她的想象,而是因为这是她的孩子。无条件的母爱,不仅是孩子也是我们每个人最深的渴求。人们不必总是担心如果没有给予爱我的人带来快乐,就会失去这种爱。母亲的爱总是存在的,无论孩子是不是个合格的孩子。但是父爱却不同,父爱必须要通过努力才能赢得。如果孩子不顺服或没有达到父亲的要求,父爱可能会消失。母亲,与我们有着天然的自然渊源,我们常用母亲一词来比喻我们的故乡、大自然、大地和海洋,而父亲却不体现任何一种自然渊源。在最初的几年内,孩子同父亲几乎没有什么联系,在这个阶段父亲的作用几乎无法同母亲相比。

不过,父亲虽然不代表自然界,却代表人类生存的另一个极端,即代表世界思想的世界,人所创造的法律秩序和纪律等事物的世界,父亲是向孩子指向通往世界之路的人。父爱,之所以需要努力才能赢得,与社会经济发展对于父亲角色和作用的塑造性有一定关系。随着私有制以及财产需要一个儿子继承的现象出现,父亲就必须要挑选一个未来继承他财产的人。因此,父亲优先掌握了孩子的主动权,在众多的儿子中,父亲总是会挑选他认为最合适的儿子当继承人,也就是与他最像的、最得他欢心的、他最放心的那一个儿子。对于儿子而言,要成为继承人,就必须按照父亲的原则,顺从父亲的规定。

父爱是有条件的爱,父爱的原则是:我爱你,因为你符合我的要求,因为你履行你的职责,因为你同我相像。在父爱中顺从就是最大的道德,不顺从是最大的罪孽,不顺从者将会受到失去父爱的惩罚。因为担心失去父爱,他让孩子产生一种愿望,我必须通过自己的努力来赢得这种爱,从而让孩子产生一种父爱,可以受我的控制和努力支配的积极愿望。同无条件的母爱一样,有条件的父爱也有其积极的一面和消极的一面,消极的一面是父爱必须靠努力才能赢得,如果辜负了父亲的期望,可能就会失去父爱。这种依靠努力换取的爱常常会使人感到痛苦,因为我之所以被人爱,是因为我使对方快乐,而不是出于自己的意愿。归根结底我不是被人爱,而是被人需要而已。

正因为如此,我们所有的人,无论是儿童还是成年人,都牢牢地保留着对母爱的渴求。大多数孩子有幸得到了无条件的母爱,但成年人身上的这种渴望却很难实现,他可能会以其他的一种形式出现,例如宗教形式,或者恋母情结等。无论怎样,父爱和母爱对孩子的发展都至关重要,他们会影响孩子爱的发展的成熟度。

从父亲和母亲身上学习,人的成熟度也开始形成,人的灵魂健康和成熟的基础是从父亲和母亲的亲密关系中发展出个人的自我,最后达到父亲和母亲的结合体。如果人不是这么发展,就会导致神经机能疾病,社会和他自己都不允许他一直停留在母亲的阶段,或一直停留在父亲的阶段。在6岁以前,婴儿无论从身体还是心理上,都需要母亲的无条件的爱和关怀,但在6岁以后,孩子就需要父亲的权威和指引。母亲给予孩子一种生活上的安全感,而父亲却要指导孩子正视他将来会遇到的种种困难。一位好母亲是不会阻止孩子成长,也不会鼓励孩子求援的。

成熟的人的基础

弗洛姆认为,一个成熟的人最终能达到他既是自己的母亲,又是自己的父亲的高度,他发展了一个母亲的良知,又发展了一个父亲的良知。他既能提供无条件的爱又能够设定有条件的爱,这种爱不仅是针对他人的也是针对自己的。当他犯下了任何过错的时候,母亲的良知会对他说,你的任何罪孽、任何罪恶都不会使你失去我的爱和我对你的生命、你的幸福的祝福;而父亲的良知却会说你做错了事就不得不承受后果,最主要的是你必须改变自己,这样你才能够得到我的爱。成熟的人会使自己同母亲和父亲的外部形象脱离,却在内心建立起这两个形象,他不是弗洛伊德所说的超我的反应,也不是通过合并父亲和母亲从而在自己的内心里建立起这两个合并的形象,而是把母亲的良知建立在他自己爱的能力上,把父亲的良知建立在自己的理智和判断力上。如果一个人只发展父亲的良知,那么他就会变得严厉和没有人性。

如果他只有母亲的良知,那么他就有失去自我判断力的危险,就会阻碍自己和他人的发展。成熟的人既能给予别人无条件的爱,又能够像父亲那样提供有条件的爱来鞭策别人前行。

父母会影响孩子是否发展成为一个成熟的人。父爱缺乏的人与母爱缺乏的人,都可能会产生一些明显的性格缺陷。在日常生活中,我们会看到一个男孩子可能会有一个十分慈爱,却又很娇惯他的母亲,同时又有一个性格懦弱,对孩子不感兴趣的父亲。在这种情况下,小男孩会牢牢地抓住同母亲的关系,发展成为一个十分依赖母亲的人,这种人成长、成年之后往往是孤立无援,需要得到保护的,他身上缺乏父亲的一些特点,比如纪律、独立性和驾驭生活的能力。他会企图在所有的人身上寻找母亲的形象,有时是在其他女性身上,有时是在有权威的男人身上。反过来,如果孩子的母亲性情冷淡、麻木不仁或者十分专制,孩子就会把对母爱的需要转移到父亲身上,就会变成单一的向父亲方向发展的人。这样的人往往只服从于法律、秩序、权威的原则,却没有能力获得无条件的爱。如果他的父亲很有权威,同他的关系又很密切,他就会更愿意模仿他的父亲,成为他父亲的分身。单亲家庭成长起来的孩子,多少会带有一些不成熟的性格特质,例如强迫性精神病患者与父亲单一的联系就有关系。而另外一些症状如歇斯底里、酗酒,不能面对现实生活和厌世,则是由母亲的单一联系所致。

人并不是生来就会当父母,能够提供给孩子高质量的父爱和母爱的,对此方面的学习是必要的。弗洛姆认为,母亲要具有一种热爱生活的美好信心,要学会热爱生活,避免焦虑,要相信孩子自己会成长,不应该惶恐不安地把自己对生活的焦虑情绪传输给孩子。成熟的母亲,还应该希望孩子独立并最终脱离自己。而成熟的父爱,一定是有原则和要求的,但他应该是宽容的、耐心的,不应该是咄咄逼人和专横的,成熟的父爱要帮助孩子对自身的力量和能力产生越来越大的自信心,最后能使孩子脱离父亲的权威,成为他自己的主人。

第三节 母爱

母爱,是世界上最伟大的爱。在人们的心中,母爱总是作为一个爱者的形象出现。文学家加缪在《鼠疫》中借儿子里厄的心理,对于母爱爱者的形象有过阐述:"里厄知道这时候他母亲在想什么,他知道她在疼他。但他也知道爱一个人,并不是一件了不起的事,或者至少可以说,爱是永远无法确切地表达出来的。因此,他母亲和他,永远只能默默相爱。然而总有一天会轮到他或她死去,然而在他们的一生中,他们却没有能够进一步地互相倾诉彼此之间的爱。"[①]加缪在他

---

① [法]阿尔贝·加缪:《鼠疫》,顾方济,徐志仁译,译林出版社 2003 版,第 185 页。

的作品中多次凸显了母爱作为爱者的形象,包含着重要的哲学思考。但是在他的作品中却会发现母爱会呈现出非理性的状态,母亲对子女的爱越是无私,母亲表达爱的方式就越是极端,结果也就越加悲哀。在加缪看来,母爱的真正力量源于一种节制,母亲的静默与温柔象征着一种爱的节制及力量的均衡,是极致状态的对立面。母亲作为信仰的象征,能在精神上给予子女活下去的力量,还能以一颗非宗教的慈悲心给予其他人以帮助。母亲是子女认识爱的大门,是子女与人和世界建立一种人类理想和谐关系的引路人。

加缪的思考响应了弗洛姆的观点。弗洛姆认为,母亲对母爱的认识,不仅会影响到儿童早年的身心健康,也会影响到家庭的幸福,进而影响到全人类的幸福。母亲作为爱者,是祝福,但母爱也需要节制,更需要具有超越性。

母亲作为生命教育者

传统上人们认为做母亲没有什么可学的,只要提供给孩子足够的生活所需就足够了,子女的教导可以由父亲来负责。这种想法是过去男女性别不平等的反映,忽视了母亲对孩子生命成长的重要情感教育意义。母亲是家庭情感的主要支柱,是子女人生的第一任教师,在孩子形成良好的性格、生活习惯、道德品德等方面有着不可替代的作用。弗洛姆认为,作为母亲不仅要生育哺育孩子,还要进行生命教育,在幼儿期母亲不仅要供给奶——对生命的肯定,在成长期还要供给孩子蜜——活着的幸福感。

奶和蜜的象征性的观点,源自《圣经》《创世纪》的故事。当上帝拣选以色列人时,他多次承诺,要将以色列人带到"流奶与蜜的地方"。并且作为创造者,上帝不仅重视人的生存,还重视人是否感觉安好,每一次创造结束,他都要确认创造是好的。这符合母亲对生命的关心和肯定。奶,象征着母爱的第一个方面:对生命的关心和肯定,蜜,则象征生活的甘美,对生活的爱和活在世上的幸福。母爱要提供奶,意味着母爱要对幼儿的生命和成长的关心负有责任,以维护和发展弱小生命,肯定孩子的性别,欢迎他的到来。母爱要提供蜜,意味着母爱要包含对生活幸福的希望,要赋予孩子对生活的爱,而不仅仅是活下来的愿望,母爱要努力使孩子热爱生活,要使他感到:生在这个世界是多么好!活着是多么好!当个小男孩或小女孩有多么好!活着是多么幸福!

基因研究表明,舐犊之爱存在于我们的基因中,人类有一种肯定生命的奇迹和辉煌的动力。我们对孩子有一种天生的爱,年幼的孩子是天真和纯洁的化身,能激起我们培养和保护的冲动。2008年5月13日下午,汶川大地震后,都江堰河边一处民宅,救援人员搜救时,在废墟中垮塌下来的房子里发现一具遗体,她怪异的死亡姿势引起救援人员的注意:她双膝跪着,整个上身向前匍匐,双手扶着地支撑着身体,有些像古人行跪拜礼,只是身体被压得变形了,看上去有些诡异。救援队长感觉不对,就费力地把手伸进女人的身子底下摸索,他摸了几下高声地喊:"有人,有个孩子,还活着。"经过一番努力,人们小心地把挡着她的废墟清理开。原来在她的身体下面躺着她的孩子,包在一个红色带黄花的小被子里,有三四个月大的样子。由于母亲身体庇护着,怀中的孩子毫发未伤。救援人员抱出孩子的时候,他还在静静地睡着,仿佛什么都未曾发生过。他根本不知道,这个世界发生了怎样的天崩地裂,他更不知道,是母亲给予了他第二次生命,他熟睡的脸让所有在场的人感到很温暖。随行医生在包裹孩子的被子里发现一部手机,手机屏幕上面是这位母亲在死之前给孩子留下的已经写好的短信:"亲爱的宝贝,如果你能活着,一定要记住我爱你。"这一刻,所有的人静默了,手机在众人手中传递着,所有人都忍不住落泪。

在危急关头,母爱对生命的肯定令人动容。不过,弗洛姆认为在现实生活中,只有少数人才能达到同时供应孩子奶和蜜。有许多母亲在爱的能力上不够完备,只有能力给予奶——乳汁,仅有少数的母亲除乳汁外还能给予"蜜"。能给予"蜜"的母亲,是一个好母亲,同时也是个幸福的女人,她有能力处理生活中的焦虑,是一个具有感染力的人。母亲对孩子的影响无论怎样高估都不为过,母亲对生活的热爱和对生活的恐惧都具有传染性,两者都会对孩子的全面发展产生深远的影响。只要看一看孩子和成人对待生活的态度,我们就能看出哪些人只得到"乳汁",而哪些人既得到"乳汁",又得到"蜂蜜"。不管遇到什么恐惧或患难,母亲都想要积极地面对生活,让孩子也能树立积极的信心和勇气来面对未来的挫折或失败。

超越母爱的局限

弗洛姆认为,母爱是一种消极的爱,带有自身的局限性。与博爱是同等人之间的关系不同,母爱是两个不平等人之间的关系。孩子需要母亲,母亲总是提供无条件的爱,这形成了母爱忘我、无私的特点,因而母爱被人们歌颂为世界上最崇高的爱。弗洛姆认为,母爱中最值得赞美的东西并不是母亲对婴儿无条件呵护的爱,而是母亲对成长着的孩子的超越自我的爱。对幼儿的爱出于母亲呵护弱小的本能,这种本能同样可以在动物身上找到。大多数母亲在她们的孩子还幼小,并完全依赖她们的时候,确实很爱自己的孩子,她们因为孩子的诞生而感到幸福,从孩子的笑容和满意的表情中得到满足,但这种爱里藏着母亲难以说清的心理因素。一个心理因素可能是因为对孩子的爱和痴情,可以帮助母亲满足自恋,假如母亲一直把孩子看作是自身的一部分,对孩子的宠爱就反映出母亲对自我宠爱的一部分。另外一个心理因素根源也许是母亲的权力欲和占有欲,一个软弱无能、完全服从母亲的孩子不言而喻是一个专制并有占有欲的母亲的自然对象,他能让母亲的占有欲得到满足。

弗洛姆认为生育是一种创造性的行为,它可以让母亲体验到一种创造的快乐,母亲对孩子的爱使她的生活产生新的意义。这种体验是一个男子不能体验到的,男子要满足超越自己的要求,只能通过用双手创造物体或创造思想来证明他的创造能力。母爱的创造性满足应该贯穿在孩子成长的过程中。母亲不仅要关注孩子的成长,还应该关注母爱本身的成长。只有孩子脱离母体和母亲的乳房,成为完整的、独立的生命,身为母亲的爱的能力才能真正地发展起来,为此母亲必须要经历孩子成长并与孩子分离,来让母爱经受考验。只有在这个阶段,母爱才成为一项艰巨的任务,这时母爱的无私奉献,除了被爱者的幸福一无所求的伟大就显现出来。但恰恰在这点上许多母亲都失败了。自恋的、专制的和贪婪的母亲在孩子尚小的时候,可以是一个很疼爱孩子的母亲,但是当与孩子分离后,她们的自恋就暴露出来了。她们不能忍受分离,并且仍渴望将孩子紧紧地抱在怀里。只有那些真正有爱的能力的母亲,那些觉得给比得更幸福的母亲,那些生命之根底很扎实的母亲才会将分离当作成长,会继续做一个疼爱孩子的母亲。

这种对正在成长的孩子的忘我、无私的,愿意分离的母爱也许是爱的最困难的形式。还有一种更令人尊敬的伟大的母爱,是能够克服自恋,有能力爱别人孩子的母亲,这才是母亲的伟大之处。在中国福建南通苏坂村,48年前,37岁的潘莲玉收养了邻居一个智障残疾孤儿陈钟生,把他当成亲生儿子一般抚养,悉心照料这个孤儿。自从收养陈钟生那天起,潘莲玉就把陈钟生当成她的孩子,将自己的母爱倾注在这可怜的孩子身上。陈钟生先天性营养不良、腿部肌肉萎缩,在生活上无法自理,就连吃饭,潘莲玉也得把饭菜煮烂打碎,帮助他吞咽,为防止陈钟生的小腿肌肉萎缩加剧,潘莲玉每天都抽出大量的时间给他做小腿按摩;有段时间,陈钟生大小便失禁,为保持他身体干净,潘莲玉每天都给他洗好几次澡,在寒冬腊月给他洗了七条裤子,冻得自己手直发抖;因为患有智障,少与人交流,陈钟生的性格变得很孤僻,常常对潘莲玉发脾气,但潘莲玉始终容忍着养子,包容着他的坏脾气。48年来不断地言传身教,智障儿子学会了叠被子,在坚强地挺过了一次次病痛折磨,在年届花甲之龄身体不但逐渐好转,还能在养母膝前尽孝,用真情演绎了一段"乌鸦反哺"的故事!一个普通平凡的农村母亲,用她超越自我的母爱,在这个世界上,为另一个生命带来了光,让我们看到伟大的母爱在博爱中散发出的神圣光芒!

第三章　博爱与爱的社会

第一节　博爱

弗洛姆认为博爱是基础爱，一切爱的形式都以博爱为基础。博爱包含着对他人的四种素质：责任感、关心、尊重和了解，并愿意提高其他人的生活情趣。博爱类似于《圣经》中"爱人如己"的含义。这种爱没有独占性，是平等的、面向所有人的，无论对方是陌生的还是熟悉的。博爱是一个人爱的能力的体现，如果我具有爱的能力，我就会去爱我周围的人，而不是只爱我的家人或朋友。

博爱的基础是平等

博爱的基础是平等，是认识到我们所有的人都是平等的。这种平等在才能、智力和知识上的差异中可能难以发现，但从人的本质的核心来看，当深入到人的内部，才能、智力和知识的差异都微不足道，在人的共性上，我们都是血肉之躯的兄弟,都有着这样那样的弱小和不完美。如果我了解到人的本质,我就会看到我们的共性,我们是兄弟姐妹这一事实。日常生活中,我们与他人的关系只是一种表面对表面的关系,只有当我们深入对方的内部,才能与人建立一种新的关系,一种以人为核心的核心对核心的关系、"中心关系",就能触及对方心灵的深处。西蒙娜·魏尔在《万有引力和仁爱》中曾经很优美地表达过这种关系,丈夫如果对妻子说"我爱你",可以是很一般的,也可以非同一般,这要按他说这些话的方式而定。因为一个人说话的方式并不取决于个人意志,即他想要达到的效果,而取决于这些话发自内心的深度,在双方心灵相通的情况下,这些话就会触动对方相等的内心深度,让对方听得出来这些话的分量究竟有多重。

博爱的核心是同情和怜悯

博爱是兄弟之爱,是"四海皆兄弟"的同等人之间的爱,但也不能不注意到虽然我们是同等的,但事实上也并不完全是"同等"的。理想状态下,大部分人都能够自力更生、走自己的路,不需要来自陌生人的爱。但很多情况下,我们是人,需要帮助。今天是我需要你的帮助,明天也许是你需要我的帮助。有这种要求并不意味着一个人弱小,另一个人强大,他只是表明了人类常常会面临的一种暂时性的困境。人只有在对那些需要帮助而无力回报自己的人产生同情的过程中,才开始发展他的博爱的能力。对需要帮助的人、对穷人和陌生人的爱是博爱的基础。爱自己的亲人和骨肉都不足为奇,连动物也会如此。仆人爱自己的主人,因为他要靠主人为生,孩子爱自己的父母,因为他需要他们。只有当人爱那些与个人利益无关的人时,他的爱的能力才开始发展。

博爱的核心是同情和怜悯,是对虚弱和惶恐不安的生命的认识和了解,在此过程中,我们看到了自己的影子,感受自己也曾有过的虚弱和惶恐不安。在《旧约》中穷人是爱的中心就说明了这一点。在人类世界,我们都是大地异乡人,有着共同的人类命运,正如在《旧约》的《出埃及记》里这么写道:"因为你们了解异乡人的心,因为你们也曾在埃及当过异乡人……所以你们也应该热爱异乡人。"

博爱是对所有人都有的一种责任感,是关心、尊重和了解他人,并愿意提高其他人生活情趣的社会责任感,表现在慈善上。许多人在条件允许的情况下,都会乐意拿出自己的钱来捐助孤儿、大学生、乞丐等社会弱势群体。不过,这只完成了博爱行动的第一步。博爱,还包括情感和个人的使命感,包含着对人的真正尊重和理解。一位商人看到一个衣衫褴褛的铅笔推销员,顿生一股怜悯之情。他不假思索地将10元钱塞到卖铅笔人的手中,然后头也不回地走开了。走了没几步,他忽然觉得这样做不妥,于是连忙返回来,并抱歉地解释说自己忘了取笔,希望不要介意。最后,他郑重其事地说:

"您和我一样,都是商人。"

博爱的反思

弗洛姆的博爱观带有明显的宗教意义,他引用了《圣经》大量的经文来阐述博爱的理念,与 C.S 路易斯的仁爱观有相似之处。二者都从宗教精神中探索博爱的起源,都提倡对弱者的关爱,付出而不求回报的爱,平等的爱。但二者又是不同的,路易斯的仁爱观更具有宗教神圣之意,是一种崇高的道德理想,是一种彻底的无私之爱。"付出爱,便不要怕受伤害。不管爱的是什么,心必然会受到折磨,甚至被打碎。如果心要保持完整,便不可以对任何人付出,甚至动物也不行。"[1]弗洛姆更侧重从人性的角度,从人之初性本善,从人类共同面临的生存处境来发现人性之中存在的博爱能力。不过,在哈洛的另一组有关猴子的实验研究中,弗洛姆的这一想法被证明带有理想的乌托邦色彩。

哈洛在两种不同条件下饲养猴子。在第一组,每只猴子被养在自己的笼子里,但是哈洛每天都会放一只新的、非常会照顾幼猴的成年母猴与其做伴。在第二组,每只猴子都跟自己的母亲一起被饲养在笼子里,但哈洛每天都会放一只新

---

[1] [美]C.S.路易斯:《四种爱》,邓军海译,华东师范大学出版社2018年版,第128页。

的、但不是那么友好的猴子进去。结果,第一组猴子都有博爱的行为——一视同仁的博爱行为,但没有建立依恋关系的猴子,在遇到不友好的社交时出现情感受伤的状况,会害怕面对新的经验,而且无法去爱或关心其他猴子。第二组猴子可能会近似一般正常猴子童年时期的成长经验,能健全成长,具备爱的能力。[1] 这组实验说明猴子和人类都需要跟特定对象建立亲密且持久的依恋关系,才会发展出不怕挫折的爱的能力。从这个意义上来说,博爱来自一种更高级的心灵道德,它是人性中神性的折射,是人类向往天堂的一种愿景。弗兰西斯·培根说,一个人如果能在心中充满对人类的博爱,行为遵循崇高的道德,永远围绕着真理的枢轴而转动,那么他虽在人间也就等于生活在天堂中了。

博爱被证实是一种道德高尚的爱,但与世人所需要的那种爱无关,与爱的能力的发展也无关。不过,弗洛姆的博爱观是具有积极意义的。他认为一个人的博爱意识是这个人对于爱的态度的显现,是自我态度的反射。我们的感情和态度的对象不仅是其他人,也包括我们自己。当我们爱那些并不能服务于自己个人目的的人之时,我们内心中的爱才开始呈现,我作为人的本性才会流露出来。博爱是目的,而不是

---

[1] [美]乔纳森·海特:《象与骑象人:幸福的假设》,李静瑶译,浙江人民出版社2012年版,第146页。

手段，我们在爱别人的过程中，看到了我们自己。对别人的态度同我们对自己的态度互不矛盾，而是平行存在的。一切有能力爱别人的人也必定爱自己，原则上爱自己和爱别人是不可分的。

第二节　爱的本质

博爱理论是弗洛姆爱的哲学基础，从博爱中，弗洛姆关于爱的本质的思想就显现出来。他的最经典的名言，"爱是一种积极的行动，是一种灵魂的力量""如果我真的爱一个人，那么我就会爱所有的人，就会爱这个世界，爱生活。如果我能对一个人说：'我爱你'，我也必定能说：'我会为你而爱所有的人，我透过你爱整个世界，也爱我自己'"都是弗洛姆爱的思想的集中反映。关于爱的本质，弗洛姆的观点可以总结为以下五个方面：

爱是一种态度

第一，爱是一种态度。弗洛姆认为爱是一种对待人和世界的态度，是一种人的性格倾向，而不是首先同某一个人的关系。在日常生活中，我们常常会将爱局限在某一个对象上，这会阻碍我们体验爱的本质。如果一个人只爱他的对象，而对其他的人无动于衷，他的爱就不是爱，而是一种共生有机体的联系或者是一种更高级意义上的自私。爱一个人，原则上与爱所有的人本质是一样的，因为我和他人本质上也是一样的，都是作为一个男人或女人的生命体而存在的。如果我确实爱一个人，那么我自然也会爱其他的人，我就会爱世界、爱生活。如果我能对一个人说"我爱你"，我也应该可以说："我在你身上爱所有的人，爱世界，也爱我自己。"爱是一种态度，一种精神，一种热情，一种对生命的感恩，只要人能够感受到人的本质、感受到生命的馈赠，并积极回应这份馈赠，人就能感受到爱的力量，人就会具有爱的能力。

之所以社会上的大多数人还是认为爱取决于对象，而不是爱的能力的观点，是因为人们并没有形成一种爱的态度。人们总是想逃避自己爱的能力发育不成熟的现实，将期望寄托在合适的爱的对象身上。他们认为只要找到合适的爱的对象，自然就会得到爱或者产生爱情。弗洛姆认为这种观点滑稽可笑，就好像一个想学画画的人，他首先不是去学绘画这门艺术，而是强调他要先找到他愿意画的合适的对象，如果他找到了这么一样东西，他也就能画了。

爱是一项发自生命的积极活动

第二，爱是一项积极的发自生命的活动。弗洛姆认为，积极的活动这个词有双重意义，第一重意义是行为上的积极活动，在现代用法中它是指人们通过积极付出劳动、创造性地改变现存状态的行为。无论是经商的人、学医的人、流水作业线上的工人、做椅子的木匠或者运动员，只要他们为了一个外部目的而积极开展行动，都可以称之为积极活动的人。第二重意义是人的心理动机上的积极性活动。在爱的活动中，有一些是虚假的积极性活动，有一些才称得上积极性活动。举个例子来说，有的人由于内心极度不安或者孤独而狂热地工作，有的人只是为了升官发财，在这种情况下，这个人就是一种狂热，一种热情的努力，而他的积极性实际上是一种消极性，因为他是受外力驱使的人，而不是一个拥有内在行动力的人。积极的力量，是指能够运用人蕴藏在内部的力量，而并不管是否达到了外部的变化。比如说坐在椅子上沉思默想，观察和体验自己以及自己同世界关系的人，看起来他是消极的，因为他们什么也没干。实际上这种精神高度集中的禅坐是最高的积极性，是灵魂的积极性，只有那些内心自由和独立的人才能做到这点。

弗洛姆认为，自由和独立是积极活动的基础。如果一个人是在积极的情绪支配下行动，他就是自由的，是情绪的主人。如果他是被一种消极的情绪所支配的，他就是受外力驱使者，是他自己都不了解的动机的对象。嫉妒、野心和每种形式的贪婪，表现出来的就是热情和狂热，并不是一种积极的行动。相反爱是一种积极的而不是消极的情绪，是人内心生长的东西，而不是被俘虏的情绪。爱是一种行动，是运用人的力量产生的行动，这种力量只有在自由中才能得到发挥，而且永远不会是强制的产物。

爱是给而不是得

第三，爱是给而不是得。爱是自由的产物，爱首先是给而不是得。关于"给"这个问题，弗洛姆认为在内涵上至少存在三种争议。一种争议是把"给"解释为"放弃"，另一种争议是把"给"当作"被别人夺走东西"，第三种争议，把"给"当作"自我牺牲的美德"。弗洛姆认为，第一种争议中的人，这往往是一个性格还没有超越接受利用或贪婪阶段的人对给的理解。对于重商主义的人来说，"给"是一种交换，只"给"而"得"不到，对他来说就是欺骗。第二种争议中的人，大多数是缺乏创造性性格的人，总会觉得给予会带来一种被抢夺的感觉，他们十分拒绝给予别人。第三种争议中的人却走向了另一个极端，他们认为正因为"给"是痛苦的，所以应该这么做，"给"的美德就是准备牺牲，从中可以体验到美德的满足感。信奉这一准则就意味着宁可忍受损失，也不要从这种体验中得到快乐。

从一个人对于"给"的态度可以看出他是否具有创造性人格。有创造性性格的人认为"给"是力量的最高表现，恰恰是通过"给"，我才能体验到我的力量、我的富裕、我的活力，体验到生命力的升华使我充满了欢乐。因为"给"，我感觉到自己生气勃勃因而欣喜万分,"给"比"得"带来更多的愉快,这不是因为"给"是一种牺牲,而是因为通过"给"表现了我的生命力。

生命本身是"给"而不是"得",如果我们能够认识到这一令人欣喜的人类本能活动,我们就能来解释各种特殊的现象。最基本的例子在性范畴里也可以找到,男子性行为的最高峰就是一种给的行为,男子把自己的性器官交给女子,在达到性高潮的一刹那,他把精液给予对方,只要他不是阳痿,他就必须这么做。如果他不能给他就是阳痿,女子也是如此,只不过表现形式复杂一点罢了。女子交出自己,男子打开通向女性内部的大门,在接受的同时她也给予,如果她没有能力给而只能得,她就是性冷淡。在母亲身上,母亲把她的养料给予了她肚中的胎儿,后来又给婴儿喂奶和给予母体的温暖,对母亲来说不能给是极其痛苦的,这种痛苦包含了精神的痛苦和肉体的痛苦。在物质世界的范围内,"给"代表着财富,并不是说拥有财富的人是富裕的,而是说给予他人东西的人才是富裕者。害怕受到损失的吝啬鬼,不管他拥有多少财产,从心理学角度来看,他就是一个贫穷和可怜的人。愿意把自己的东西给予他人的人却是富有的,他感觉到自己是一个有能力帮助别人的人。只有那些连生活必需品都没有的人,才不能体验帮助别人的乐趣。众所周知,穷人往往比富人更愿意给,这不仅取决于个人的实际财产,也取决于个人的性格本质,只要不是超过一定限度的贫困,穷人也不会被剥夺"给"所带来的欢乐。

爱是创造爱的生命力

第四,爱是创造爱的生命力。给予的最重要范畴并不是物质范畴,而是人与人之间的范畴。弗洛姆认为,"给"的根本是要在人的生命中唤醒一种"给"的生命力,在"给"的行为中会诞生新的东西——有一种新的生命被唤醒,双方都会因为内心的某种生命力被唤醒而充满欢乐,都会感谢这种唤醒的力量,一切有生命力的给都会成为创造爱的生命力。这并不一定意味着他要为别人献出自己的生命,而是他应该把他内心打动人心的东西给予别人,他应该同别人分享他的欢乐、兴趣、理解力、知识、幽默和悲伤。他"给"并不是为了"得",但是通过他的"给"不可避免地会在对方身上唤起某种有生命力的东西。他的"给"也唤醒了接受者成为一个"给"的人的愿望,通过他的"给",他丰富了他人,同时他也提高了自己的生命感和对方的生命感。正如爱尔兰诗人罗伊·克里夫特的诗歌《爱》中所言:

　　我爱你,不光因为你的样子,还因为,和你在一起时,我的样子。

　　我爱你,不光因为你为我而做的事,还因为,为了你,我能做成的事。

我爱你,因为你能唤出,我最真的那部分。

爱是创造爱的生命力,这一点表现在爱情上就是:没有生命力,就没有创造爱情的能力。马克思在《1844年经济学哲学手稿》中写道:"如果你以人就是人,以及人同世界的关系是一种充满人性的关系为先决条件,那么你只能用爱去唤起爱,用信任换信任。如果你想欣赏艺术,你必须是一个有艺术修养的人;如果你想对他人施加影响,你必须是一个能促进和鼓舞他人的人。你同人及自然的每一种关系,必须是你真正个人生活的一种特定的符合你的意志对象的表现。如果你在爱别人,却没有唤起他人的爱,也就是你的爱作为一种爱情不能使对方产生爱情。如果作为一个正在爱的人,你不能把自己变成一个被人爱的人,那么你的爱情是软弱无力的,是一种不幸。"[1]

爱是一种创造性给予的力量和行为,它不仅仅体现在爱情上,还体现在许多人际关系中,例如师生的相互学习、演员与观众的相互鼓舞、精神分析学家与病人的相互治愈。要建立这种爱的关系,先决条件是给的人不应该把对方看作是他

---

[1] [德]马克思:《1844年经济学哲学手稿》,中共中央马克思恩格斯斯大林列宁著作编译局译,人民出版社2000年版,第146页。

帮助的对象,而应该同对方建立一种真正的创造性的紧密关系。然而,现实生活中很多人在爱中追求的是"得"而不是"给",为什么他们不能够把爱看作一种"给"的行为呢?弗洛姆认为,这取决于人的性格发展,爱作为一种能力,先决条件是要求人有一种占主导地位的创造性倾向,持有这种态度的人就要克服它的依赖性、自恋性以及剥削别人的要求,并能找到对自己人性力量的信赖以及达到目的的勇气。如果缺乏这些特点,人们就害怕付出自己,也就是害怕去爱。

爱是一种创造性的行为而不是交换,成熟的爱是一种独特的原始生命力,它推动人与所爱的人或物相联系,结为一体。爱是以人的自由为前提的,爱是实现人的存在价值的一种由衷的喜悦;爱是一种设身处地的移情;爱需要勇气。最完美的爱情的相互依赖要以"成为一个自行其是的人"的最完美的创造性能力为基础,在爱情中,在奉献自己的过程中,在深入对方的行为中,我找到了自己,发现了自己,发现了我们两个,发现了人类。得到全面知识的唯一途径是爱,爱超越了思想,超越了语言。

爱情是独立又合而为一

第五,爱是独立而又合二为一。弗洛姆认为在生活中,人们会把一种共生有机体结合模式的依恋关系称作爱,这种爱也可以带给人们欢乐和幸福,但仔细分析就能看出他们是施虐癖和受虐癖的组合,并不是成熟的爱。

这种不成熟的爱的模式最突出的表现在怀孕的母亲同胚胎之间的关系,他们既是两体又是一体,他们生活在一起,他们相互需要。胎儿是母亲的一部分,并从她身上得到它所需要的一切,所以母亲就是它的世界。她抚养和保护胎儿,同时她自己的生活也因胎儿的存在而得到一种升华。母亲和胎儿的关系是生理性的共生有机体的结合,在生理性的共生有机体的结合中,两者的身体互不依赖,但在心理上却相互依赖,他们存在着一对关系。

这种关系消极的表现形式是控制和服从,从医学的名词来看就是施虐癖与受虐癖。有受虐癖的人,通过把自己弱化成依恋对象的被保护者、被引导者、被启示者,使自己摆脱孤独、与世隔绝的状态。他们迫切需要一个保护者,保护者就是他的生命,没有保护者他就无法生存。在受虐癖看来,不论保护者是人还是神,总之它的威力超越一切,它主宰一切,而自己什么也不是,什么也不愿意是。他之所以选择这么做,是因为只有成为保护者的一部分,这样他才能够分享保护者的伟大威力和安全。受虐癖者从来不做任何决定和进行任何冒险,他从不也绝不独立,他不是一个完整的人,可以说是一个还没有完全诞生的人。受虐癖者对其保护者的崇拜,甚至超过了对偶像的崇拜。他对其保护者的服从不仅仅有生理的要求和性要求,也不仅仅只是想象,而是一种与全身有关的生理需要。受虐癖服从的有时并不是一个人,也不是某个对象,他可能屈服于命运、疾病,或有节奏的音乐,或者屈服于由于吸毒和催眠状态引起的极度的兴奋。在这些情况下,他失去了他的完整性,他把自己变成一个人或一件事物的工具,从而使他不用对于生存的问题做出独立的和自由的回答。

这种关系积极的表现形式是控制,与受虐癖相对应的名词是施虐癖。施虐癖就是通过把另一个人变成他自己的一部分而摆脱孤独,他吞并他的崇拜者,从而使自己身价百倍。像受虐癖者离不开他的保护者,施虐癖者也离不开他的崇拜者,双方都不能失去对方,区别在于施虐癖者命令、利用、损害和欺压对方,而对方则乐于被他左右。表面上看起来他们俩之间存在着很大的差别,但从更深的意义来看,他们俩的共同点却很明显,他们都失去了其独立性和完整性。弗洛姆指出,在每个人的身上都存在着不同程度的施虐癖和受虐癖的倾向,例如希特勒对其他人首先是施虐癖,但面对他的命运、历史和自然的威力,做出的却是受虐癖者的反应。

弗洛姆认为施虐癖-受虐癖组合常常与爱混为一谈,受虐现象尤其被视为表达爱的一种方式,甚至会出现为了另一个人完全否定自我,甘愿把自己的权利和主张交给他塑造"伟大的爱"的典型。这种情况下的"爱"基本上是一种受虐渴望,其根源在于受虐狂对施虐者的共生需求。成熟的爱是热烈地肯定个人生命的本质,积极主动地与对方建立关系。如果以其中一方的臣服与完整性的丧失,不管其关系多么理性化都是受虐依赖。施虐狂也常常以爱为伪装,如果某人声称是为了另一个人的好处才去统治他的话,统治另一个人似乎是爱的表示,但其根本原因在于享受统治的快乐。①

弗洛姆认为,成熟的爱是在保留自己完整性和独立性的条件下,与他人生命的合二为一。因此,在成熟的爱情中存在着一个悖论,那就是双方各自相互独立,保持自己的完整性,但二人又灵肉合二为一,人们会在爱情的奇怪现象中体验到爱的本质。

第三节　爱的社会建设

面对西方20世纪上半叶随宗教衰败而来的道德危机、伦理危机和传统价值观的崩解,弗洛姆寄希望于爱能作为一种新的伦理规则,矫治西方被扭曲异化的人性,他的爱的观点与社会流行的爱的成功学、性爱论有相当大的区别,与卢梭却有异曲同工之处,都提倡以博爱为基础建设社会,都追求人与自然,人与人关系的和谐。弗洛姆认为,当前的社会

---

① [美]艾里希·弗洛姆:《逃避自由》,刘林海译,上海译文出版社有限公司2015年版,第106—107页。

不具备爱的社会性格结构,要建立一个理想而健全的博爱社会,有必要对现存的社会结构进行审视,并在公众忽略的思想领域进行重大和激烈的变革,来让西方社会重新回到以爱为传统的社会中去。

公正与爱

弗洛姆首先批评了现代西方社会的公正思想,他认为现代西方社会过于追求公正,而忽视了公正中的爱的内涵。强调契约精神和法治精神,追求公平正义,这是社会进步的体现,但西方资本主义社会现今不能只追求公正原则的关系,而忽视爱的关系在社会结构中的建设。正如上帝是公义和慈爱的化身,公义的目的仍是为了爱。人们要正确地理解爱,首先得分清公正和爱之间的区别。

公正意味着在交换商品和服务时,要放弃欺骗和阴谋诡计,保持公平正义。"你给我多少,我就给你多少",这是资本主义道德的最高准则。然而现在这却变成了人们对于物品和彼此爱的交往规则。"你爱我多,我就给你多;你不爱我,我就不爱你",这是在公正原则下的人们建立的人际交往关系,弗洛姆批评这是典型的资本主义产生的新道德。在资本主义以前的社会中,商品交换要么直接地由传统决定,要么由朋友关系和爱人关系决定。而现在,在资本主义市场上,资本交易决定了一切。无论是在商品市场,在劳动力市场,还是在服务行业市场,每个人都把他占有的东西根据市场的条件交换他所需要之物,而且这种交换没有欺骗,也不使用武力,看起来似乎同新教的教义是一致的,但实际上是混为一谈。例如"己所不欲,勿施于人"的准则就被解释为"要公正地同别人做生意"。事实上,这一道德的本义是与《圣经》上较为流行的格言"爱你的邻人"等同,这一教义意味着爱他人,也就是对他人负责和同他人一致。可是现代的公正与道德之间毫无瓜葛,恰好相反,它并不意味着要负责并同他人一致,而是要把自己同他人分开——人们尽管尊重他人的权力,但本质上并不爱他人。这种抹杀了爱的公正,容易让人变得冷漠,也极容易在家庭和社会关系中形成冷漠的环境。弗洛姆认为博爱是基本爱,对陌生人的爱是对家人爱的前提。爱是对每一个人都应有的一种关爱的态度,爱是一种性格特点,如果这种公正只有尊重,但没有爱,就会影响我们对任何人的关系,让我们受利己主义的支配,而忽视了爱本身就是去爱、去给予的特点。在这样的利己主义的社会中,人们又如何能够培养与他人的核心关系,又如何能够培育出爱情呢?为此,社会必须要对此做出回应,使公正能够彰显出公正本身所表达的爱的内涵。

爱与生存之争

弗洛姆认为,在社会中还有一种观点需要改革。这种观点认为，在我们的社会里爱和世俗生活不可能达成一致，所以谈论爱无非是参与大骗局而已，他们认为只有殉道者或者疯子在今日的世界中才会去爱，因此关于爱的讨论只是空洞的说教而已，最典型的表现就是人们将爱与生存作为一种对立关系，必要时人们宁愿牺牲爱以保全生存。当然，这些观点早已被证明是错误的，但人们还是偏执地继承着原来的认识缺陷。例如爱情与面包之争就是最常见的爱与生存之争挑起的话题。

弗洛姆认为这些都是伪命题，事实上，这一争议背后折射的是生存实用主义者的看法，他们认为爱同"正常"生活水火不相容，才会笃信"我选择了爱情，就会失去面包""我选择对他人付出爱，就可能失去一切"，这种缺乏创造力的观点。在他们看来，爱既不能吃又不能喝，反而还会带来损失，这是典型的"激进主义"的看法，也必然会以陷入道德上的虚无主义而告终，因为他们并未真正地理解爱的本质，并未理解爱才是人们生存的本质，不过是以承认自己是生存机器来掩饰自己的爱无能，他们最擅长的就是将这一切都归因于社会"历史的必然"。

所谓"历史的必然"就是对命运的无助感，许多人对于生活中的冲突，总会以"没办法""我也不想这样"等来回答，习惯地将别人眼中的社会状态看作是决定个人命运的唯一因素，从而用看似符合人类本能的言辞来回避"此时此地"自己的人格问题。弗洛姆认为,如果总是将个人的"历史必然"归因于资本主义的生存原则导致的人无法避免的命运,就会令人对社会绝望。现代资本主义社会的确存在一定的问题,但又是一个十分复杂、矛盾和不断变化的结构,人们还是有一定的可能保持个性不被同化及个人活动的余地。坚持真理和生存,并不是完全不能协调统一的,或许对于出售无用商品的售货员,如果不撒谎可能就什么也卖不出去,但是对一个手工业者、化学家或者物理学家,他就可以在当行业能手的同时又做诚实之人。因此,许多人可以用类似的方法去培养爱的能力,而不需要与此同时放弃他们的经济工作。

弗洛姆并没有更深地分析为何人们会不加思考地将爱与生存对立,但是顺着爱的能力培养的思考线索,可以发现源头是在消费主义的夹击下,人们逐渐丧失了觉知爱的能力。亚里士多德认为生命的价值取决于觉知和沉思的力量,但这些品质在现代人那里已经很难找到了。不仅如此,人们觉知到的爱也已经完全变味了。在以市场为导向的文化中,爱早变成了一种商品,被打上了价格标签,失去了爱的本质。每年各大公司通过销售化妆品、香水、美发产品、护肤品、服饰、减肥产品、健身产品、整形产品等获利高达数十亿美元。若没有消费,人们甚至都迷惘该如何彼此相爱,被爱者也渴望在消费中体验爱的满足感,已经很难体会到爱的创造性力量。觉知的对立面是无知,无知是爱的大敌。沉溺于消费主义世界里的人们,已经丧失了觉知爱的力量,虽然在每一次经济危机、疾病灾难的时候,人们能体会到关爱的重要性,但是当这些过去几周后,人们就会重新回到日常生活中,并对消费主义的生活乐不思蜀。正因为此,社会才需要对此做出反思,从消费主义的浪潮中抬起头来,把更多时间和精力花在真正重要的事情上——学会去爱。

呼唤爱的社会变革

弗洛姆批判的生存主义观点在消费主义、娱乐主义和科技至上的今天仍越演越烈,它反映出正确的爱的教育的匮乏及重要性。社会需要开展一次深度的爱的觉知革命,唤醒消费主义中的人们,科技和娱乐领域也需要对不断分散人们爱的注意力做出忏悔。20世纪50年代,美国对抗的是冷战、麦卡锡主义、核战争,还有工业社会、消费主义对人的异化,今天弗洛姆关注的冷战已经结束,核武器战争演变成了更复杂的全球问题,联合国秘书长古特雷斯2020年9月在世界领导人会议——联合国大会一般性辩论上指出,当今世界面临五大挑战:严重的地缘紧张局势、气候危机、全球互不信任、数字世界的黑暗面和新冠疫情。为了对抗这五大危机,人类共同未来的"天启五骑士",世界各国需要掀起一场持续的爱的社会变革。

首先,各国的教育体制需要对爱做出回应,培育人们对生命、生活的热爱和满怀爱意的心灵。2016年世界卫生组织统计数据显示,在半个世纪的时间里,全球自杀率已经增长了60%,自杀逐渐呈现年轻化,并且从50年前的30岁左右人数最多,降至今天的16岁左右;男性的比例明显高于女性,差距最大的国家,男性是女性自杀人数的6.5倍。自杀率最高的五个国家分别是圭亚那(高于全球平均数4倍多)、朝鲜(高于全球平均数3倍多)、韩国(高于全球平均数2.8倍)、斯里兰卡(高于全球平均数2.8倍)、立陶宛(高于全球平均数2.7倍)。[①] 社会情感体系的弱化,对外表吸引力、学业压力等都令年轻人的压力成倍增长。作为一个社会,我们必须思考年轻人的优先事项和义务。美国儿童精神分析专家研究发现,宗教或灵性对青少年的心理健康有积极影响,但美国的儿童和青少年的宗教培训正在减少,华盛顿调研机构皮尤研究中心调查了106个国家的宗教信仰后发现,只有加纳和格鲁吉亚40岁以下的人比他们的长辈更信宗教。大多数国家的年轻人对宗教的依赖度都比他们的长辈低。[②] 在宗教衰微之后,许多社会试图以艺术来代替宗教的教育功

---

① 世界卫生组织:《2018世界卫生统计报告》,2018年6月6日,http://apps. who. int/iris/bitstream/handle/10665/272596/9789241565585-eng.pdf? ua=1,2021年4月5日。
② 好奇心日报:《和长辈相比,全世界的"无宗教"年轻人越来越多》,2018年6月19日,https://www. sohu. com/a/236636419_139533,2021年4月5日。

能,虽然有一定的提升效果,但是并不能从根本上解决人类对爱的渴望。正如弗洛姆所说,艺术达到的是人与创造性劳动的融合,并不是人与人的融合,人本质上是渴望与人的融合的,我们必须要直面爱的教育,人生意义的教育和幸福教育,让年轻人找到爱的意义。

其次,社会的工作方式要发生变革。现代工业化社会剥夺了人与人联结的机会,也剥夺了人从事创造性工作的机会,当工作变成了一项单调的流水线作业,人就很难体验到人生的意义和幸福。如果人们能从事创造性的工作,从事那些能够发挥出个人优势、自己擅长与热爱并能够实现个人理想的工作时,人们的肉体、心理及社会文化三个生存层次的生活就会连贯一致,人就能找到人生的意义。追寻人生意义是一个高尚的行为,社会的每个人都该为自己找到问题的答案。积极心理学家提出了幸福的方程式,幸福(H)=幸福的范围(S)+生活条件(C)+自己可以控制的因素(V)。其中,第二个最重要的条件是拥有且追寻正确的目标,做有意义的工作,让自己体验专注的感觉。[①] 当弗洛伊德被问到"一个正常人应该怎么做才能活得好"时,他的回答是"爱与工作"。没有人是一座孤岛,最重要的条件是爱。在弗洛姆之前,托

---

① [美]乔纳森·海特:《象与骑象人:幸福的假设》,李静瑶译,浙江人民出版社2012年版,第105页。

尔斯泰便曾说过:"只要人知道如何工作,如何爱人,人就可以在这个世上活得更精彩,我们要为自己所爱的人工作,也要热爱自己的工作。"1959年心理学家罗伯特·怀特认为,已经有非常明确的证据显示,人类及许多其他哺乳类动物都有一种"让事情发生"的基本冲动。幼童会兴致勃勃地玩着"热闹箱",或把旋转手臂这个动作变成响个不停的门铃和旋转轮,都是同样的原因,会吸引大孩子玩的玩具都具有同样的原理。没有工作、退休、被炒鱿鱼或中彩票的人身上都会出现一种对生活的倦怠感。怀特称此为"效能"动机,一种人内心想通过与环境互动,进而控制自己的环境,以发展能力的一种需求及冲动。[1] 效能动机是人类的一种基本需求,会一直出现在我们生活之中。当人们能够从自己的工作中得到更多的乐趣时,就能体验到爱。正如诗人纪伯伦所言,"工作是爱的具体展现"。

第三,建立一个以爱为重要生存价值观的社会。尼采认为权力意志是人类的核心需求,是人类行为的根本动力。世界事务的话语权,大多数都掌握在政治家和商人手中。从进化的立场来看,权力欲是一种强烈的冲动,在一个群体中处于支配地位的男性,繁衍成功的可能性就更大——无论是子

---

[1] [美]乔纳森·海特:《象与骑象人:幸福的假设》,李静瑶译,浙江人民出版社2012年版,第231页。

代的数量,还是后代存活至生育年龄的概率,一个强大的人可以养活更多的性伴侣和子女。权力意志,是一种与服务于他人相冲突的冲动,获得领导地位的人,其动力往往不是出于对爱的关注。而那些把爱放在生命首位的人,最终却不可能太有权有势,他们更倾向于关注家庭、社群和志愿者工作。荣格认为由爱统治的地方没有权力意志;而由权力主导的地方则缺乏爱。两者互为影子。[①] 如果进化之道是适者生存,为何人还会彼此相助? 在进化论中,达尔文提出了一个很简单的答案:"无私"为的是团体。"如果某个种族的成员多具有爱国、忠诚、服从、勇敢及同情心等特质,总愿意彼此相助、牺牲小我、贡献大我,我相信该种族一定能打败其他种族,这就是物竞天择。"[②]进化生物学家大卫·威尔森指出,人类的进化同时发生于两个层面:基因层面及文化层面。文化的组成要素显示了改变(人会发明新事物)及选择(有些人会接受新事物,有些人不会),所以文化特质会像身体特征一样进化。每当人类形成新的行为、产生新的信仰或科技,文化就会快速传播。[③] 假设我们能够建设一个以爱为信仰、以人为

---

① [美]阿明·扎德:《爱的重建:愿你永远拥有爱的能力》,沈洁译,成都:天地出版社2018年版,第146—149页。
② [美]乔纳森·海特:《象与骑象人:幸福的假设》,李静瑶译,浙江人民出版社2012年版,第241页。
③ [美]乔纳森·海特:《象与骑象人:幸福的假设》,李静瑶译,浙江人民出版社2012年版,第243页。

本的新的人类社会,相信这种文化也一定会快速传播开来,毕竟爱与和平是人类长久以来的渴望。美国外交家和历史学家乔治·F.凯南称第一次世界大战是20世纪的重大灾难,它为第二次世界大战垫平了道路,普遍认为是领导和外交失败的结果。如果欧洲领袖采取爱的外交,就可以阻止1700万人的死亡,也可以避免欧洲大陆的满目疮痍。丘吉尔相信如果国际社会共同遏制希特勒,就可以避免第二次世界大战的爆发和6000万人的死亡。[①] 建立爱的社会的变革第一步,就是要珍惜和感恩我们所生存的星球,珍惜和尊重每一个生命,为了我们自己和他人的福祉,我们要去爱他人,他人即天堂。

[①] [美]阿明·扎德:《爱的重建:愿你永远拥有爱的能力》,沈洁译,天地出版社2018年版,第151—152页。

第四章　性爱与爱情

每个人都渴望爱情,但关于爱情的真实模样,人们一直困惑。心理学家研究了坠入情网的感受,发现能够令两个陌生人产生怦然心动的感觉,离不开一种最基本的爱情物质苯基乙胺(Phenylethylamine),简称 PEA。PEA 事实上是一种神经兴奋剂,它能让人感到极度兴奋,使人觉得更加有精力、信心和勇气。由于 PEA 的作用,人的呼吸和心跳都会加速,还会出现手心出汗、颜面发红、瞳孔放大的身体反应。通常瞳孔是否会放大,是判断真爱还是敷衍的最佳标准。要想得到爱情,只要让头脑中产生足够多的 PEA,就可以达到目的了。有趣的是当人遇到危险的时候,紧张也能够使得 PEA 的分泌水平提高。20 世纪 50 年代的西方社会,这些领域的研究尚未起步,人们对爱情的认识还停留在弗洛伊德性驱动力的爱情观上,他认为爱情不过是性冲动的升华。作为弗洛伊德的批评者,弗洛姆批判了那个时代流行的追求坠入情网式的爱情,并对欧洲病态的爱情进行了深入分析。

第一节　性爱与真爱

博爱与性爱

进化论和现代爱情心理学的研究支持弗洛伊德性驱动的观点。进化论的研究观点认为，人类的爱情受人类本能繁衍后代的驱使，我们爱的对象，就是我们性的对象，是我们繁衍后代的对象。在人类的本能里，对于繁殖的难易程度是有排序的。当一个异性处于繁殖期时，他/她的身上携带更多易于繁衍的特征时，其他人便有更大可能爱上他/她，因为他/她的特征会激发起其他人本能的爱欲和冲动；反之，很难爱上他/她。可以说，我们的繁衍操纵着我们的性欲，而性欲又操纵着我们的爱情。

从现代爱情心理学研究来看，一段恋爱关系涉及多种人类需求，通常来说，爱情中包括四个要素：激情、性吸引力、爱以及依恋。非恋爱关系，如亲情、友情等主要靠爱和依恋维持。但一旦涉及恋爱关系，除了爱和依恋外，就必定会包括激情和性吸引力。[1] 激情就是 PEA，是一种坠入情网的兴奋

---

[1] [美]阿明·扎德：《爱的重建：愿你永远拥有爱的能力》，沈洁译，天地出版社2018年版，第74—75页。

和冲动,它促使二者之间产生狂热相爱的感受。性吸引力,就是性欲,是对亲密身体接触的欲望。依恋,是心理上对对方产生的依赖感。爱,则是一种对对方主动的付出。在恋爱关系中,激情、依恋、性吸引力很大程度上是被动需要,其产生不需要我们过多的参与。我们的一见钟情,似乎是由不得我们控制的。然而,要维持一段持久的关系,则需要我们主动地去爱,爱是其他三种情感的黏合剂。在一段理想的关系中,每一方都要为对方的幸福安康持续地付出努力,才能推动这段感情向前发展。

进化论和爱情心理学也同时支持弗洛姆的观点:爱是一种主动给予的过程,爱在爱情关系中扮演着重要的作用。爱情心理学家研究发现,在恋爱关系中,这四个要素随时间推移,强度也在不断地发生着变化。激情和性吸引力在一开始达到高峰,但随着时间推移,却在不断下降,而依恋和爱在一开始处于低位,但是随着事件推移,却不断上升,接近高峰。可以看出,在短期的爱情关系中,依恋和爱本身可能并不是非常明显,但在长期的爱情关系中,却十分依赖依恋和爱的发展。也有爱情心理学家研究认为,爱情的保鲜期是两年,激情褪去后爱情关系中更需要爱和依恋。这是因为,爱本身是无私的,爱是对对方生命和成长的积极关注和付出,如果双方都精通爱的艺术,激情和性吸引力的消退就不会削弱他们的关系,反而会激发他们重新产生这些需要。

然而弗洛姆却有一个石破天惊的观点。他认为,在性范畴中,性爱虽然要求完全彻底地实现肉体上同他人的完全融合,但其实质是人与人的结合。如果说母爱是对需要帮助的人的爱,博爱和性爱就是同等人之间的关系,虽然这三种爱之间有很大的区别,但它们却有一个共同点:那就是按它们的本质,这些爱不属于一个人,是可以分享的爱,它们的基础仍是博爱,是对全人类的爱,即使是坠入情网的性爱也包含着一种对所有人的爱——博爱。

二种不成熟的性爱

从进化心理学来说,追求短暂的坠入情网式的性爱,是远古以来人类择偶的短期性策略,对于多性伴侣的渴望及性幻想存在于人类的生殖动力中,这为欧美的"一夜情"找到了许多借口。弗洛姆认为,这种突如其来的强烈感受本质而言是注定短命的,它不会推动性爱往爱情发展,充其量只能在短期里让两个陌生人突然变成亲密的人。而实际上,受这种强烈感受驱动的性爱,并不会达到真正地爱对方。因为对他们来说,人与人之间的亲密首先是通过性结合得以实现的,这反映了他们将肉体隔离作为人类疏离的主要原因,所以渴望肉体的结合。然而,这种爆炸式情感下的短暂的性体验,实际上并没有尊重被爱者或被性者的心理渴望,也没有做出努力以达到真正地接近和了解对方。表面上看,他们很快就赤裸敞开了,但如果他们体验对方达到一定的深度,不断地交往下去,就一定会觉得对方并没有那么熟悉,而需要不断地克服两人之间的障碍,否则他们就会为之前的行为感到后悔。"性后悔"情绪,在人类心理学的研究上也得到了印证。一项研究调查男性和女性在短期性关系结束后,男性总是会因为女性希望发展长期的关系感到后悔,女性则更对发生过的性行为感到后悔,真心希望自己没有做过这件事情,常常会觉得自己被"利用"了。[1]

在爱情中,还会出现一种发泄型的性爱,这种性爱常发生在缺少爱的交流的情侣中。情侣共同面对生活,向对方讲述自己的生活,叙述自己的希望和恐惧,谈出自己幼稚的或者不成熟的梦想,以及找到面对世界的共同利益,甚至表露自己的愤怒和仇恨,毫无顾忌地交心,这些行为都是人类亲密的表现,但有些情侣却做不到。只有当他们一起睡觉或者发泄了相互的憎恨后,他们才会突然感到两个人之间的亲密关系。弗洛姆认为,这样的爱情是一种变相的施虐癖和受虐癖的结合,他们将性爱当作保持"亲密"的黏合剂。这种发泄型的性爱,与短暂的性爱相似,在性爱中形成的"亲密"关系会随着时间的推移而逐渐消失。两人必须不断地重复这种

---

[1] Campbell, A. "The morning after the night before: Affective reactions to one-night stands among mated and unmated women and men", *Human Nature*, Vol.19, 2008, p.157 - 173.

行为,如果不能再在对方身上得到性满足,后果就是人们会在另一个陌生人身上寻求爱。而那个陌生人又会成为"亲密"的人,新的爱情经历又会是十分强烈和幸福的,然后又逐渐消失,一直到希望进行新的征服,得到新的爱情的要求再一次出现,并永远幻想着新的爱情会和以前完全不同。

两种目的不同的性爱

男女双方都有性要求,这是人的动物性本能,性要求的目的旨在达到结合,也导致了它的欺骗性,它总是看起来和爱情很相像,所以人们很容易得出具有迷惑性的结论:即如果两个人互相愿意占有对方的身体,他们就是相爱了。事实上,性要求同许多强烈的感情混杂在一起,对孤独的恐惧会加强这种要求,占有欲和被占有欲、虚荣心以及人的破坏性都会加强性要求,当然爱情也会加强这一要求。为了更清楚地了解性爱,弗洛姆认为我们需要区分两种目的不同的性爱:以爱情为基础的性爱和纯粹生理结合的性爱。

以爱情为基础的性爱,是博爱的一种表现,它是通过完全地与一个人的灵肉结合来爱他(她)所代表的全人类,它与对方建立的是一种中心关系、平等关系,因而这种爱能触及对方心灵的深处。他们的结合产生的生理关系就不会带有占有或被占有的野心和欲望,而是充满了温柔。而纯粹生理结合的性爱,并不具有博爱的成分,对方之间建立的并不是中心关系，而是一种不对等的关系，很难触及对方心灵的深处。由于缺乏深入的了解，所以在单次结合后两人生成的依然只有陌生和羞愧的感觉。

许多人会质疑博爱是性爱的基础这一观点，不过，弗洛姆异常地坚定。他否定弗洛伊德对于性爱过程中产生的温柔是性本能的升华的观点，认为温柔是博爱的一种直接表现，它既表现在爱的生理形式中，也表现在爱的非生理形式中。他强调，性爱虽然具有博爱和母爱都不具备的独占性，但实际上也是通过爱一个人，进而爱全人类，爱一切生命。性爱的独占性只表现在我只选择同一个人完全地，即在灵魂和肉体上融会为一体，并非排斥一个更深意义的博爱。如果男女双方确实相爱，他们的性爱就具备一个先决条件，那就是我从我生命的本质出发去爱对方，并且去体验对方的本质。然而，必须纠正的是，性爱的这种独占性经常被错误地解释为互为占有的关系。弗洛姆认为，这是因为人们缺少博爱的观念。一对互为相爱但对其他人却毫无情感的男女，他们的爱并不是健康的爱，实际上是一种共同的自私。通过把自己同所爱之人等同起来，通过把一个人分成两个人的办法来克服人与人之间的隔绝，这种克服孤独的办法，并不能增加他们彼此之间的了解和关心。与世界隔离的他们，实际上也是互为隔绝和互为陌生的，结合对他们来说只是一种幻觉。

性爱的矛盾性

弗洛姆对于博爱是性爱的基础的观点,可能会令人产生两个疑问。第一个疑问,如果说博爱是基础,人就其本质来看都是一样的,我们既是整体的部分又是整体,所有的男人都是亚当的一部分,所有的女人都是夏娃的一部分,那么是不是爱谁都一样呢?第二个疑问,既然爱谁都一样,这是否说明没有必要去选择一个独特的爱人呢?

弗洛姆认为,这两个疑问多数存在于许多传统的婚姻形式中,例如认为婚姻是不可解除的,配偶不经自行选择,而是被人挑选的,因为人们相信"先结婚,后恋爱"的说法。在现代西方世界,传统已经被打破,人们早已不再接受包办婚姻,可以自由恋爱。不过,这种观念存在一个更容易被忽视的人们拒绝认识性爱的重要因素——即意志的因素。从根本上来看,爱情是意志的行为,是人做的一项把全部生命交付给对方的决定。性爱之所以不能随意,是因为爱一个人不仅是一种强烈的感情,而且是一项决定、一种判断、一个诺言。如果爱情仅仅是一种随意的感情,那爱一辈子的诺言就没有基础。如果我的爱光谈感情,而不同时是一种判断和一项决定的话,我如何才能肯定我们会永远保持相爱呢?没有意志的感情容易产生,但很快就会消失。

弗洛姆认为,在性爱中存在着矛盾冲突。从人的本质来看,我们每个人又都是只存在一次、不可重复的独特生命体,但我们所有的人又是一体。因此,我们能从博爱出发去爱每一个人,但我们每个人又是独一无二的,性爱就要求具有特定的、独一无二的、完全是个性的成分,这种成分只存在于几个人,而不是在所有的人的中间。因此,认为性爱完全是两个人之间的吸引力,是两个特殊的人之间绝无仅有的联系的观点和另一种认为性爱只是意志的行为的观点,都是正确的理解。这好比认为夫妇关系不好应该马上解除婚姻和在任何情况下都不允许解除婚姻的观点都是错误的。也许应该这么说,真理既不在这边,也不在那边,对于爱情来说,一经缔结,意志就是爱情继续存在的重要因素。

爱的承诺观

弗洛姆主张意志在爱情中的作用,他的爱情观点在斯滕伯格的研究中有所验证,1986 年斯滕伯格提出了爱的结构理论,又称为爱情三角形亚理论。[1] 爱情三角形理论认为爱情包含亲密、承诺和激情三要素,它们组成了三角形的三个顶点。"三角形"只是一个比喻,而不是一个绝对愿意上的几何模型。亲密位于三角形的顶点,激情位于左顶点,决定/承

---

[1] Sternberg, R. J. "A triangular theory of love", *Psychological Review*, Vol. 93, 1986, p.119 - 135.

诺位于右顶点。

图1 爱情三角形理论

亲密,是指在爱情关系中亲近、连属、结合等体验的感觉。因此,这个因素包括那些在爱情关系当中能促进温暖关系的感觉。斯腾伯格和合作者综合了研究者对亲密关系数据的研究,将亲密关系分为十个要素:(1)渴望促进爱人的福祉,(2)与爱人共享喜悦,(3)对爱人高度关注,(4)在需要得到帮助时能指望爱人,(5)与爱人互相理解,(6)与爱人分享自我与所有,(7)从爱人那里得到情感的支持,(8)为爱人提供情感支持,(9)与爱人亲密交流,(10)肯定爱人的价值。

激情是指引发浪漫之爱、身体吸引、性完美以及爱情关系中相关现象的驱动力。激情因素包括那些在爱情关系中能引起激情体验的动机性以及其他形式的唤醒源。它包括一种非常想跟别人结合的状态,在恋爱关系中,性需要在激情体验中占据支配地位。然而,其他需要比如自尊

(self-esteem)、援助(succor)、关怀(nurturance)、亲和(affiliation)、支配(dominance)、顺从(submission)和自我实现(self-actualization)可能也有助于激情体验的获得。决定/承诺,从短期来讲指的是一个人决定爱另一个人;从长期来讲,它是指一个人维持爱情的承诺。决定/承诺因素的这两个方面不一定同时存在,一个人可以在不承诺长久之爱的前提下决定爱一个人,一个人也可以处于一段关系,却不承认爱着另一个人。

爱情的三个因素相互影响。例如,更高程度的亲密会导致更高程度的激情或承诺,就像更高程度的承诺会导致更高程度的亲密或者激情(可能性相对较小)。总之,三个因素既相互独立,又互相影响。但是,在不同的关系或者一段关系的不同时间内,它们的重要程度是不一样的。爱情的三个因素通过组合可以构成八种不同类型的组合,每种组合对应着一种类型的爱情。"无爱"(Non-love)指爱情的三个因素都缺失;"喜欢"(Liking)是个体只体验到亲密,而缺乏激情和决定/承诺的因素;"迷恋"(Infatuated love)是人们只体验到激情,而缺失另外两个爱情要素;"空洞之爱"(Empty love)是指一个人爱并且承诺爱别人,却缺乏爱情的亲密和激情因素;"浪漫之爱"(Romantic love)是亲密与激情因素的组合;"伴侣之爱"(Companionate love)是亲密和决定/承诺因素的组合;"愚昧之爱"(Fatuous love)是激情和决定/承诺的组合,而缺少亲密这个因素;"完美之爱"(Consummate love),或者说完整的爱,来自三个爱情因素的组合。当然,我们要认识到,在爱情中没有一种关系完全符合其中的类型。

爱的真理观

弗洛姆的爱情观点也与法国当代哲学家巴迪欧的观点十分相似。巴迪欧认为爱是一种产生真理的程序,爱和艺术、科学、政治,是人类走向真理的四种途径。在这四条道路上的每一种追求,都会把我们升华到更高的命运刻度。爱是一个事件,是一个突如其来的、不由控制的、偶然发生的事件。就像"falling in love","fall",坠落,是一个失重的状态,自己都无法控制的状态,但是这一无法控制的事件却带有革命性的力量。它会打乱人的生活节奏,让人对此前的一切有一种彻底的全新的体验。[①] 它不遵守任何日常生活的规则或律令,带有强烈的呼召感,就像伟大的政治呼召一样,强大到让人不得不从行动上对此做出响应,从而对旧有生活进行无法控制的、彻底的革新。爱,具有强大的创造性力量,所有的爱都提供了一种崭新的关于真理的体验,人们在爱中体验到了"一"的差异,从而能以差异的观点来体验世界。在偶然的

---

① 吴冠军:《爱与死的幽灵学:意识形态批判六论》,吉林出版集团 2008 年版,第 2—4 页。

事件后,个体的人与对方形成了"二"的联结,两个个体命运搭结的"二"并不会融合为"一",而是永远在不断差异又不断靠近。但在爱中,两个个体却体验到了唯一的人类的真理——爱。爱是两个个体在事件中从"一"到"二"对真理的建构。我们喜欢爱,也喜欢被爱,那是因为我们爱真理,爱是真理之普遍性的守卫者。

然而,人们的困惑是,如何将偶然的一次相遇固化为永恒的爱?如何将坠入情网变成永浴爱河?巴迪欧认为,爱的敌人,不是情敌,而是自私自利。人们要追求永恒的爱情,就要将这种偶然相遇、无限差异的"二"改编成一种创造性的存在,使它能够一直保持爱的力量。为此,爱需要宣言。爱,本身就是宣言,是可以凌乱而一再地重新做出的宣言,是对宣言的一再宣言,是对最新的宣言的重申。"我爱你",这一爱的宣言本身已经有对某种永恒的承诺。人们每说一句"我爱你",实际是在说"我会永远爱你"。在一定程度上,所有的爱情都自称是永恒的。问题是如何把这种永恒嵌入时间之中?爱,还需要忠诚。只有通过忠诚,爱才能在一次偶发的事件中延续真理。因为面对事件,人们会产生三种不同的主体:忠诚的主体、反动的主体和蒙昧的主体。只有忠诚的主体才能将裂缝中展现出来的奇点性上升为普遍性。忠诚并不只是两个人彼此承诺不与他人有性行为,而是对爱的事件、爱的相遇的忠诚,就是让事件能够永远拥有永恒的属性。

一种真正的爱，就是一种持之以恒的胜利，一种不断地跨越空间、时间、世界所造成的障碍的胜利。爱总是朝向他人的存在，他人带着他的全部存在，在我的生命中出现，我的生命于是就此暂时中断而重新开始，爱是不断地重新创造。爱是坚持到底的冒险。照巴迪欧所言，总的来说，爱，就是用世上既有的一切来赋予生命以活力，打破和跨越孤独。"我爱你"就意味着：在这个世界上，你成为我生命的源泉。在这个源泉的泉水中，我看到了我们的欢乐，首先是你的欢乐。[①]

第二节 爱情异化

性爱技术决定论

弗洛伊德认为，爱情从根本上来说是一种性现象，性爱能给人以最大的满足，而且给人一种幸福的样板。在性爱中也会产生一种"保留在人潜意识里的""纯性感的爱情"带来的"无目的性的激动"，但这种体验是性要求的一种结果，是一种"重新建立的无限的自恋"，是一种病态的现象。在《论移情》一文中弗洛伊德甚至指出，爱情的产生是同荒谬为邻，

---

① ［法国］阿兰·巴迪欧：《爱的多重奏》，邓刚译，华东大学出版社2012版，第130—133页。

是盲目地对待现实,是童年所爱对象的一次转移。转移爱情从本质上看来同"正常"的爱情没有区别。弗洛姆批评了弗洛伊德对性爱的过度强调,他认为弗洛伊德的思想对人们认识爱情产生了重大影响,导致了人们将性爱技巧当作幸福的密码。第一次世界大战之后,人们认为性的相互满足,是令人满意的爱情关系,特别是幸福婚姻的基础。人们认为造成许多不幸婚姻的原因是夫妇在性生活上不能很好地"配合",而根源是缺乏对性生活的正确态度,也就是一方或双方都没能很好地掌握性生活的技巧。为了"消除"这种缺陷和帮助那些不能相爱的不幸的夫妇,当时的许多书里都提供了各种性技巧的辅导建议和说明,并多多少少许诺只要照此操作,幸福和爱情就会油然而生,这在今天看来有点过于机械主义和缺乏人文精神。

弗洛姆认为,弗洛伊德否定了在性爱中积极的博爱体验。通过性爱建立的统一感,是人内在的需要,而弗洛伊德却将爱情本身视作一种非理性的现象,其实是在否定非理智的爱情和作为成熟的人的爱情之间存在区别。弗洛姆认为弗洛伊德的观念受工业社会技术的影响深刻,与工业社会的逻辑是一样的,并没有客观地将爱情作为一种理性的现象来分析,同那个工业社会一样犯了技术决定论的毛病,认为正确的技术不仅能解决工业生产的问题,也能解决人的问题。他没有看到,与此相反的观点才恰恰是正确的。爱情不是性满足的结果,而是产生性幸福的源头。

弗洛姆接待了许多精神分析的案例,例如妇女的性冷淡,男子各种严重的或不太严重的阳痿等,都说明了两性爱情的问题原因,不在于缺乏技巧,而在于心理问题。这些性问题,究其原因,是因为害怕异性、憎恨异性,或者害怕失去对方而使这些男女患上了爱的能力的缺乏症。这些心理的困难阻止了他们献出自己和自发地爱对方的行动,甚至使他们在生理上无法忍受异性的靠近。如果一个有性障碍的人能得到充足的爱,从他的恐惧和憎恨中摆脱出来,他就会获得爱的能力,他的性问题也就迎刃而解了。如果他一直缺少爱,一直不能从恐惧和憎恨中摆脱出来,即使有再多的性技术的知识也无济于事。只有爱,才是解决这一问题最好的途径。

爱情的动物本能化

弗洛伊德的观点有其时代的价值,20世纪初的西方社会之所以会流行这种爱情观,弗洛姆认为与当时流行的三个因素有关。

第一个因素与人们对19世纪末期严格的伦理道德的反叛有关。司汤达有一本随笔《十九世纪的爱情》,对19世纪中期各国的爱情进行了细腻的心理分析。他在书中将爱情分为激情之爱、趣味之爱、虚荣之爱、肉体之爱四种类型,还将爱情的产生分为惊叹、多么幸福、希望、爱情诞生了、第一次结晶、怀疑出现、第二次结晶七个阶段。他还对欧洲几个重要国家的社会环境对爱情的影响做了深入的探讨,认为各个国家、各个民族,因其地理环境、社会环境的不同,人们的爱情生活也呈现出不同的特质,例如英国女人的庄重是男人的骄傲,意大利人靠激情生活,法国人靠虚荣心生活,善良质朴的德意志人靠想象生活。[①] 可以说,在19世纪中期,欧洲的爱情理念还是相当开放的,然而到了维多利亚女王的中后期,欧洲的道德观念开始保守,社会严肃,女性的地位低下,与18世纪悠闲文雅的风格迥异,严重压抑了人们的性欲和女性解放的需要,导致了一战之后人们对传统的反叛。很多历史学家认为,"维多利亚时代"的真正结束,是在第一次世界大战结束以后。这也是为什么一战之后性解放运动会流行的原因。

第二个因素与当时资本主义社会结构中有关人的思想有关。资本主义社会是竞争型社会,人被看作是一个竞争者,是他人的敌人,这一点当时的经济学家和达尔文主义者都有共识。经济学家认为,人具有追求利润的不可抑制的愿望,"人为财死,鸟为食亡",追逐财富地位是人的本性。达尔

---

① [法]司汤达:十九世纪的爱情,刘阳译,江苏人民出版社2005年版,第151—157页。

文主义者认为,弱肉强食、适者生存是大自然的生物原则,竞争来自人类繁衍的冲动,希望占有更多的女人,繁衍更多的子女是远古以来男人的生存动力。这种竞争的观念已经深入到人的大脑之中,使人不是向着神性发展,反而返回了他的进化路线,朝向了动物性的发展道路,因而弗洛伊德的观点会流行。弗洛伊德认为,男人之所以压抑性欲和竞争欲望,是社会的压力迫使他们不得不收敛,所有的男子都相互妒忌,并且即使造成这种妒忌的所有社会和经济的原因都一概消失后,这种妒忌、这种竞争仍将存在。因此,爱情就是一种对性和繁衍的竞争。

第三个因素与 19 世纪占统治地位的唯物主义思想有关。人们认为在生理学的现象中可以找到一切精神现象的基础。唯物主义否认世界是神创造的,在最初的历史形态中,他们把世界的本源归根为某种或某几种具体的物质形态,例如:水、火、气、土等,试图从中找到具有无限多样性的自然现象的统一。如古希腊哲学家泰利斯认为,万物产生于水,并经过各种变化之后又重归于水。中国古代的五行说认为,水、火、木、金、土五种物质是世界的本源,等等。近代的唯物主义以科学为旗帜,但其他自然科学部门还很不成熟,机械力学占据首要中心的地位,这决定了人们只能主要用机械力学的原理来论证世界的物质统一性,这使得这一时期的唯物主义思想具有机械性的特点。弗洛姆认为,弗洛伊德的思想是唯物主义的反映,爱情、憎恨、功名心和妒忌是各种形式的性本能的产物,也是可以作为唯物主义来理解的,但它却不能割裂人与社会的关系。人的生存条件是人存在的基本现实。人,所有的人,首先要面临着相同的一般境况,然后是社会的特殊结构造成的生活实践。弗洛伊德的唯物主义是机械唯物主义,缺少马克思"历史唯物主义"的观点,马克思认为身体、本能、要求食物或者占有都不是了解人的关键,关键是人的全部生活过程,人的"生活实践"。

弗洛姆认为,这三个因素构建了弗洛伊德的观点,也是弗洛伊德的观点在社会上流行的基础。如果按照弗洛伊德的观点,人不能压抑人的本能,尤其是性本能,一切本能的愿望如果能够得到毫无保留的满足,就会带来精神上的健康和生活的幸福,世界的问题就迎刃而解了。但弗洛姆认为,事实上一切本能的愿望都得到满足不仅不是幸福的基础,而且也不能保证人的精神起码的健康。临床经验表明,那些一生在性生活方面得到充分满足的男女并不因此而感到幸福,他们甚至常常会因精神上的冲突和病兆而感到痛苦。因为人渴望精神与肉体的双重融合,而不单单是动物性的结合。

尽管如此,弗洛伊德的思想在第一次世界大战后仍得到广泛流行,它甚至被卷入了消费主义的浪潮中。原来人们重视生产、重视情感的建设,但如今人们却逐渐转向消费,"今朝有酒今朝醉"成为物质消耗的原则,也成为指导人们生活的原则。在性范畴,爱情也变成了一种消费,从20世纪60年代美国的性解放运动就可以看出西方爱情的危机。

男权主义与女权主义的斗争

弗洛伊德的概念完全符合20世纪初完整的资本主义精神,随着精神分析的不断发展,心理学对于性与爱的看法也得到了新的认识和发展。当代最著名的心理分析学家H.S.沙利文,严格区分了性与爱的关系,他将爱和亲密关系用"通敌"一词来形容,他把爱情的本质描绘为一种通敌的状况,在这一状况中两人价值的所有方面都被发挥出来。双方的态度完全适应对方表达出来的要求,目的是为了使双方都能得到同样的相互的满足。在这种状况下,两个人会有同样的感受:"我们坚守游戏规则,以保住我们的面子。获得好于其他人的感受,并有某些功劳。"[①]

弗洛姆认为与沙利文相比,弗洛伊德对爱情的看法更符合19世纪男权主义的观点。在20世纪之前的爱情中,人们经常忽略女性的存在,女性的身体被当作泄欲的工具,女性在爱情关系中的角色一直缺失,在其中很少看到两性亲密关系的建设。沙利文的定义更具有情感意义,更适应来自20

---

① H.S.沙利文:《精神病学的人际理论》,诺顿出版社1953年版,第246页。

世纪被异化的人,是对"两个人的自我中心主义"的描绘:这两个人把自己的利益都扔在一个锅里,为了反对一个被异化的世界而死守在一起。弗洛姆认为,沙利文的定义也可以推到对一组人的博爱的感受,在这组人中,每个人"都调整自己的行为以符合其他人所表达出来的要求,达到共同的目标"。在这份爱中,两个人不只是追求自己的利益,也追求他人的利益。这是有着弗洛伊德观点的大部分人在谈到爱情的时候很难做到的,他们很少从其他人的要求来考虑二人的关系,更少地对两个人之间"未表达出来"的要求做出反应。不过,弗洛姆并不完全赞同沙利文提出的爱情观点,他认为这种"两个人的自我中心主义"的爱情,只不过是一种变相的逃避,并没有真正地从两个人的中心关系、两个人与社会的关系来理解爱情,是一种病态的爱情。

20世纪上半叶,男权主义还控制着整个世界,但是到20世纪下半叶及至今天,弗洛伊德和弗洛姆如果还健在,可能会发现,女权主义正在以前所未有之势对父权社会进行反击和报复。激进女权主义不仅要求在爱情上被显现的地位、平等地位、中心地位,而且还要求参与民权运动和反战运动,甚至还要求必须变革大男子主义和女性屈从地位的社会现状,她们认为这是社会压迫的根源和原型,否则就是舍本逐末。一些独立的妇女、女性团体或组织为了女性的权利,进行了不懈的斗争,如反传统文化观念的斗争,为生育权、堕胎权、健康权而斗争,为反强奸、反色情、反性骚扰而斗争等等。随着女权运动的兴起,女性参与社会政治权力的人数也逐渐增多,许多国家出现了女性领导人或女性高级政治顾问。不管是男权主义或是女权主义,都对人们认识爱情造成了困扰,在任何一个性别角色缺位的关系中,人们都不能体验到爱情的本质。

第三节 病态的爱情

二战之后,随着女权主义运动的兴起,一股崇尚"自由性爱"观点的社会运动出现,西方社会涌现出许多新型的爱情关系。例如法国著名哲学家萨特和波伏瓦两人的开放式关系,就震惊一时:他们终身未婚,视对方为自己的终身伴侣,但却允许对方自由地拥有其他恋人。这种惊世骇俗的爱情观在社会上引起了许多争议。关于爱情,还有一些人产生了厌倦心理和厌战(爱情战)心理,他们认为所谓爱情,不过是为了两个人"结伴"或说是搭伙过日子,爱情之类的吸引力并不重要。弗洛姆认为,仔细分析一下这些爱情的问题,就会发现他们都属于神经症的爱情或病态的爱情,表面看来它们会呈现出不同的个性化形式,但总体来说有以下几种表现。

恋父恋母癖的爱情

恋父恋母癖又可称为转移产生的爱情，即把以前对父亲或母亲怀有的感情、期待和恐惧都转移到"所爱者"身上的爱情。这种爱情产生的原因是这些人从来没有超越儿童阶段，双方都牢牢地抓住父亲或母亲的形象，成年后还在寻找儿童时代的联系。这些人的智力和社会能力符合他们的实际年龄，但在感情生活方面始终是停留在两岁、五岁或十二岁的阶段。在严重的情况下，感情上的这种不成熟状态会破坏其社会生活；在不那么严重的情况下，这一冲突只限于个人亲密关系的范畴。

先谈谈以母亲为中心产生的恋母癖的爱情。恋母癖的男子，在感情发育过程中始终停留在同母亲的联系上，他们从来没有断奶，始终感到自己是孩子，需要母亲的保护、温暖、关怀和欣赏。他们需要无条件的母爱，但得到这种爱只需要一个条件，那就是他们是母亲弱小无力的孩子。弗洛姆描述这些人的特点是：他们追求一个女子的爱时，往往和蔼可亲，风度翩翩，如果他们成功了，仍然会保持这副样子，但他们同这个女子的关系，实际上同对所有的人的关系一样，都是表面的而且不负责任的，他们的目的是被人爱，而不是爱对方。在这种类型的人身上往往可以看到很强的虚荣心和没有完全暴露的远大志向。如果他们找到"合适"的妻子，他们就信心十足,觉得自己占了全世界的上风,这时他们对其他人也会和蔼可亲,温文尔雅。但在过了一段时间后他的妻子不再符合他的想象,他们之间开始出现冲突和摩擦,如果他妻子不始终如一地欣赏他,如果她要求有自己的生活,也希望得到爱和保护,如果她狠心决定不原谅他的外遇,这时他就会感到受到很大的伤害和失望。一般来说,他还会用"妻子不爱他,自私或者专制"的说法把他的这种感情简单化。很明显,"慈母"妻子对令人着迷的"儿子"丈夫的任何一个小小的疏忽,都会被看作是缺乏爱情的表现。他们认为他们文雅的举止和令人愉悦的性格都来自他们得到了真正的爱情,如果没有,他们就会得出他们受到不公正对待的结论。他们自以为是伟大的恋人,总是会对妻子抱怨不休。只有在很少的情况下,一个以母亲为中心的男子才能较正常地生活。如果他的母亲是以一种升华的方式"爱他"(成就他),而恰好他的妻子同他的母亲是相同的类型,如果他的特殊才能使他发挥他的魅力和赢得他人的欣赏(某些杰出的政治家就是这种情况),那么从社会角度来看他的爱情已经是很成功了。但当这种类型的人一旦觉得他被众人所抛弃,就会出现冲突,在很多情况下会产生强烈的恐惧和厌世的念头。

在另一种更为严重的恋母癖的病态爱情形式中,在中国称之为"妈宝男"的爱情中,他们同母亲的联系更深,也更缺乏理性。在这种情况下,妈宝男并不只是情感上或生活上想回到母亲爱护的双臂之中,而是想回到由母亲操纵的一切中,包括接受母亲祝福的一切和破坏的一切。母亲也会与他保持紧密联系,她甚至企图掌握孩子的一切,有时她是以爱的名义,有时是以履行责任的名义,要求保留成长的孩子以及成年后的孩子,以使成年的孩子感到,只有通过她,孩子才能呼吸。这些妈宝男很难爱上一个女人,除了与一些女性发生侮辱性的表面性关系外,他们不可能爱别的女子。他们不能自由和独立,而只能永远做一个残废者或者是一个犯错者,这是一种严重的精神疾病。精神健康的本质在于脱离母亲的子宫进入世界,被母体所吸引,要重新回到母体,就是要被夺走生命,这是一种反生命的活动。许多人不愿意接受母亲作为破坏生命者的形象,事实上在宗教的象征中如印度女神时母和我们在梦的象征中都可以找到母亲两个截然相反的方面。母亲不仅能赋予生命,而且能夺走生命。母亲是活跃生活也是破坏生活之人,母亲具有破坏性和侵吞性的一面是母亲形象中坏的一面,她能创造爱的奇迹,但没有人比她更能伤害人。

接下来谈谈以父亲为中心产生的神经症的恋父癖的爱情。一个相应的例子是一个男子有一个性情冷淡、感情内向的母亲,冷淡的结果是父亲毫无办法,只能把他的爱和全部的兴趣倾注在孩子身上。他是一个"好父亲",同时也很专横。如果他对儿子的行为满意,就称赞他,送给他礼物,对他很亲切。一旦他对儿子不满,他就会退居一旁或者咒骂儿子。除了父亲的疼爱以外,一无所有的孩子就以一种奴隶的方式同父亲联系在一起,他的生活主要目标就是取悦父亲,如果他做到了,他就感到幸福、安全和满足。但如果他犯了错误,做了错事,如果他不能讨父亲欢心,他就感到空虚、没人爱他或受到唾弃。在后来的生活中,这个人总在寻找一个他能以同样的方式与之联系的父亲形象。他的一生始终是依照他是否得到父亲的称赞而上下起落。在社会上这些人常常能获得很大的成功,他们认真,值得信赖和勤奋,先决条件是他们所选定的父亲形象要善于正确地对待他们。他们同女人的关系则是小心翼翼和有距离的。女人对他们来说没有中心意义,他们一般对女人颇有轻视,这种轻视又往往被掩饰在他们像父亲对待小姑娘那般的关心之下。一开始,由于他们的男性特点,他们会给女人留下一些善于关心人的印象,但是一旦嫁给这些男子,女人会发现她们自己在丈夫的生活中只起第二位作用,而父亲的形象起主要作用,她们就会越来越失望。但是也有例外的情况,那就是如果妻子碰巧也是以父亲为中心的类型,这样她同一个对待她如同一个任性的孩子那样的男人在一起就会感到幸福。

相敬如宾的受虐型爱情

更为复杂的病态爱情形式是"相敬如宾"家庭里产生的

受虐型爱情。这些人的父母互不相爱，但又善于控制自己，他们既不争吵也不流露自己的不满，同时这些父母同子女的关系也很不自然。一个姑娘在家里感受到的只是"规规矩矩"的气氛，但同父亲或母亲没有很多接触，因此留在姑娘心中的只是混乱和害怕的情绪。这个姑娘永远不知道父母的感受和想法，在这样的家庭气氛中始终存在着不可知和空虚的成分。后果是姑娘完全隐退到自己的小天地里去，而她的这一态度一直可以保持到她成年后的爱情关系中去。另外这种回避也会不断滋长恐惧情绪以及缺乏安全感，最终会导致被虐癖的倾向，因为这是唯一可以体验两人强烈刺激的机会。这些女人常常希望她们的丈夫和她们吵闹，而不是正常地、理智地与她们相处，因为只有这样才能够使她们暂时地失去紧张和恐惧的感受。因此她们往往会不自觉地去激怒丈夫，以结束折磨人的感情上的空虚。

非理性的爱情

如果说以上的爱情还有一定的理性，非理性的爱情就更隐蔽了，其中之一是假爱。假爱表现为两种形式，一是偶像化的爱情，另一种是多愁善感的爱情。偶像化的爱情，表现为将所爱的人"神化"，这是一个没有达到产生自我感觉高度的人对爱情的幻想。自我感觉的基础是创造性地发挥自己的力量，但他达不到，于是他把自己的力量异化并把自己的力量反射到他所爱之人身上,他把所爱之人当作一切爱情、光明和祝福的源泉而受到他的崇拜。在这一过程中,人失去了对他自己力量的觉悟,在被爱者身上并不是找到自己,而是失去了自己。从长远来看,由于没有一个人能符合崇拜者的心愿,当然不可避免地就会出现失望,而解决这一问题的方法就是寻找一个新的偶像。这种想法一旦产生,就会出现恶性循环。这种偶像化爱情在一开始具有强烈性和突发性,令人不可抗拒,因而总是会被人当作是遇到了真爱。但是恰恰是这种所谓的强烈性和深度性却表现了那些恋爱者的渴求和孤独,在外人看来他们就是疯子。

另一种假爱的形式——多愁善感的爱情。这种爱情的本质就是它只能存在于想象之中,而不是存在于同另一个人实实在在的结合之中。这类爱情最广泛的形式是用娱乐替代品使自己满足,例如消费爱情电影、爱情小说和爱情歌曲。通过消费这些东西可以使一切没有实现的对爱情、人与人结合和亲近的向往得到满足。那些无力拆除自己与伴侣之间那堵高墙的男女,当他们在银幕上看到悲欢离合的情侣时,会身临其境,感动得热泪盈眶。对许多夫妇来说,银幕是他们体验爱情的唯一可能性,不仅自己是这样,而且两个人会一起成为他人爱恋故事的观众。只要爱情是一个白日梦,他们就能加入进来,但如果爱情成为两个真实的人之间的一种现实关系——他们就僵化了。多愁善感的爱情的另一种表现是喜欢把现时推移到过去。一对夫妇可以通过回忆过去的爱情而受到深深的感动,虽然他们当时根本就没有感受到爱。这种情况和幻想未来的爱情完全一样,很多订过婚的男女或新婚夫妇已经开始感觉到对方的无聊,但他们仍在憧憬未来爱情的幸福。这种倾向符合作为现代人标志的一般态度。现在人不是生活在过去就是生活在未来,但不是现时。他们满怀感伤地回忆童年和母亲或者为未来制订伟大的计划,目的并不是为了实现什么,只是为了躲避爱情或现实。这些抽象的和异化的爱情形式其作用就和鸦片一样,都是为了减轻现实、人的孤独和与世隔绝所带来的痛苦。

非理性爱情的另一种形式是投射型的爱情。投射型的爱情,不正视自己的问题,总是把注意力放到"所爱者"的错误和缺点上。这种总爱从别人身上找毛病的习惯,其实与个人对民族和国家的态度没什么两样。有些人对他人的每一个细微错误的反应都十分灵敏,而对自己的问题和弱点却不闻不问,他们永远是在考虑如何指责对方或者教育对方,男女双方都热衷于互相指责,那他俩之间的爱情关系就成为相互的投射。例如指责对方专横或无主见的,自己也同样有这些毛病,指责对方有这些缺点,并不是要求他改正而为此要惩罚他,而是要回避自己的问题。因此,这两个人也就很难在爱情生活中继续发展。

投射的另一种形式是把自己的问题投射到孩子身上。

首先这种投射常常投射在希望生孩子的愿望上。有些人之所以要孩子是因为他们想把自己的生存问题反射到孩子身上。当他感到自己没有能力赋予自己的生活一种意义时,他就会试图在他的孩子的生活里找到生活的意义,但是这必然会在自己和孩子身上造成失败的结果。失败的第一个原因是因为每一个人的生存问题只能由自己解决,而不能通过一个代理者。另外一个原因是有这种打算的人恰恰缺乏必要的能力,以引导孩子解决自己的生存问题。同时孩子还往往被当作投射的对象,以缓和父母之间的紧张关系。这些父母经常使用的理论就是为了使孩子不失去一个共同的家,所以不愿离婚。但深入的调查结果表明:在这样的"共同的家"中笼罩着的那种紧张和不幸的气氛往往比公开的决裂对孩子的损害更大,因为公开的决裂至少表示一个人有能力通过一项勇敢的决定来结束无法忍受的状况。

投射性的爱情,经常还会出现的一种错误认知是:认为爱情必定意味没有冲突的幻想,这是一种完美爱情的投射。现代人受王子和公主的童话故事的影响,很多人认为两个人相爱就应该没有争吵,爱情就意味着没有冲突,争吵意味着毁灭。但是要知道大多数两个人之间的"冲突"实际上都是为了避免真正的冲突,这些冲突只是对一些鸡毛蒜皮的小事产生分歧而已,而这些小事按其本质来看又是无法澄清或者无法解决的。人与人之间的真正冲突,是不应该被遮掩的,也不应找借口投射到别处。那些属于人的内在现实并能在人的心灵深处体验到的冲突绝不是毁灭性的,一旦两人之间的这些冲突得到澄清,会带来一种净化,从而使双方能变得更有知识、更坚强。

第五章　自爱与人的全面发展

马尔库塞认为,判断一个社会好坏的标准只有一个,就是看生活在这个社会里人的人性是实现了还是异化了。所谓人性的实现就是指人的全面发展。在《1844年经济学哲学手稿》中,马克思以共产主义理论为基础,阐述了人的全面发展思想。马克思认为,人的发展是"人以一种全面的方式,也就是说,作为一个完整的人,占有自己的全面的本质"。"人的全面的发展",实质上是"人的本质力量的展示"和"人的本质力量的发展"。[①] 然而,自西方资本主义诞生开始,人的本质力量的发展就一直在被否定。人的发展的条件与人的发展的内容是紧密联系在一起的,在资本主义社会体制下,人的发展必然会带有资本主义的市场特质。弗洛姆认为,资本主义最重要的两个基础原则——自由原则和市场交易原则,已经明显塑造并异化了西方社会的人的性格结构,

---

① [德]马克思:《1844年经济学哲学手稿》,中共中央马克思恩格斯斯大林列宁著作编译局译,人民出版社2000年版,第55—57页。

导致人已经失去了他的本质存在,造成了人格的分裂。西方社会爱情之所以衰落,究其根本是人的异化,在资本主义的体制下,人已经分裂成一个个的原子,不再成为一个全面完整的人、全面发展的人。在这样一个异化了的社会中,人不能成为他自己,人丧失了爱的能力,爱情自然就会走向衰败。弗洛姆认为,唯有通过重新认识自己、爱自己,人才能重新回到人的完全状态,才能找回爱的能力。

第一节　人的健全

马克思在《关于费尔巴哈的提纲》中指出:"人的本质不是单个人所固有的抽象物,在其现实性上,它是一切社会关系的总和。"人需要生活在社会关系之中,但人又是很有限地生活在一部分的社会关系之中。邓巴定律认为,人的大脑皮层大小有限,提供的认知能力只能使一个人维持与大约150个人的稳定人际关系。这一数字是人们拥有的、与自己有私人关系的朋友数量的上限。一旦一个群体的人数超过150人,成员之间的关系就开始淡化。这个150的上限,是根据人脑大脑皮层的复杂度计算出来的。在一个有5位成员的群体中,成员间共有10组双边关系;在一个有20位成员的团体中,双边关系的数量上升到190组;50个成员的团体则升至1 225组。但人类受生理限制,天生并不具备应对一个无限大的群体的充分处理能力。[①] 当人面对庞大的社交关系和庞大的信息选择时,人就变得压力重重,焦虑不安,现代社会技术手段使人能以集合指数生活在一个更广阔的世界中,但技术并不是让人变得更自由,反而变得更分裂,这表现为独立性丧失、个性丧失和消费主义性格。

独立性丧失

20世纪资本主义技术发展的后果就是国家垄断资本主义和消费主义。托拉斯大企业不断地扩大,去资本的所有权开始同资本的管理权分开,股份制经营开始出现,官僚机构开始形成。在企业的所有制上,几十万股票持有者是企业的"占有者",管理企业的则是管理官僚阶层,这些官僚不仅对获取大量利润感兴趣,而且更热衷于不断扩大企业,从而不断扩大他们自己的权力。资本的日趋集中和强大的管理官僚阶层的形成也表现在工人运动的发展中。工会把劳动力组织起来,使得工人不必在劳动力市场上孤军作战。工人成为大工会的成员,而这些大工会也同样被强大的官僚阶层所管理,并代表工人去同工业巨头对峙。

在自由原则和市场交易的基础上,出现了资本统治劳动

[①] 季琦:《碎片化的生活使人平庸》,载《中外书摘》2018年第12期,第36—38页。

力的现象。货物和劳动力都转化成了交易买卖，因为只要存在商品生产和商品交换，就存在价值规律。一切无论是有用的物，还是有用的人的精力和技巧都会用价值来计算。并且，这些价值都是根据市场的条件自愿公平地进行交换的。只要一直按照这种原则，就会出现无生命的物体要比劳动力，要比人的才能和一切有生命的物体价值要高，就会出现技术奴役人的现象，因为资本的拥有者可以购买劳动力，并命令劳动力为其资本的有利投资而劳动。劳动力的拥有者必须根据当时的市场条件出售其劳动力，才不至于挨饿。这会使得人们不得不依附于资本的拥有者。种种隐蔽的交易，使得无论在资本领域，还是在劳动力领域，个人的主动性都被取代，越来越多的人失去独立性，依附于庞大的经济帝国的官僚阶层。

个性丧失

人失去独立性，紧跟着的就是个性的丧失。资本集中产生了一种与其相适应的高度集中、分工严密的新的劳动组织。它的特点是世界是个大工厂，人们在流水线上作业，每个人都是这台大机器上一个可以随时调换的齿轮或零件。为了达到利润目标，现代资本主义需要大批能在一起协调工作的人，而这些人对消费的需求却越来越高，但他们的口味是标准化的，既容易受到控制，又能预测。这造成了一种生产的假象,即现代资本主义一方面通过消费让他们感觉到自己是自由和独立的并相信自己不屈服于任何权威、原则和良心,另一方面又通过流水线的工作,让他们学会听从命令,完成别人交给的任务,服服帖帖地进入社会这部机器中去,规规矩矩地听人摆布,自愿服从领导,盲目地受人指挥。并且,这一系统还通过鼓励竞争和晋升来激发他们要不遗余力地干活,永远地发挥作用。结果就是他变成了一种商品,他体验到自己的生命力实际是一笔资本,这笔资本在既定的市场条件下要给他带来最大的利润。他还体验到人与人之间的关系从本质上来看是互为陌生的,是自动机器之间的关系,要找到安全感,就是要想方设法靠拢一群人,在思想、感情和行动中同这一群人保持一致。为了能够努力同别人接近,为了生活减少摩擦,他不得不失去个性,但他的内心充满了孤独感、不安全感、恐惧感和负罪感,只要他与人之间的隔膜得不到消除,这种感觉就会不断出现。

消费主义性格

为了克服人的异化产生的孤独感和疏离感,资本主义文明提供了各种各样的享乐方式来帮助人们,以使人们不再自觉地感到人有追求、超越和统一的基本要求,而能够每天重复着千篇一律的、僵化的机械性工作。娱乐工业提供的音乐、影片以及不断刺激购买新物品的广告都试图去减少人们这种尚未意识到的绝望。现代人很像赫胥黎在《美丽新世界》一书中描绘的那副样子:"营养充分,穿戴讲究,性欲得到满足,但却没有自我,同他同时代的人也只有表面的接触",他们追求的是"今朝有酒今朝醉"或者是"今日,人人幸福"的颂词。弗洛姆认为,现代人的幸福就是享受,就是满足消费和同一群人同化的要求。他们消费各种商品,食品、饮料、香烟、人、图片、杂志、书籍、电影等无奇不有,世界就像一个巨大的苹果,一个巨大的酒瓶和一个巨大的乳房,只是为了填饱他们的肚子,而他们是婴儿,永远在期待,在希望,却永远是个失意者。资本主义促使现代人的性格努力地适应交换、接受和消费循环的性格特征,所有的一切,无论是精神的还是物质的东西,都成为交换和消费的对象,爱情因此就成了一笔好买卖,这样才能完全匹配现代人的社会性格。

在一些美满的婚姻中,就会看到这种消费主义合作型的爱情。夫妻如同社会上的两个相互独立的职员,他们是很好的合作者,彼此宽容,同时又具有进取心,对生活的要求又很高。他们的关系正像许多婚姻顾问专家对婚姻的倡导一样,一个丈夫理解他的妻子,并是她的帮手,他赞赏妻子的新衣服,也称赞她做的饭菜。而每当丈夫疲劳不堪、怨气十足地回家来时,妻子体谅他,当丈夫谈到工作上的麻烦事时,妻子注意听他讲。如果丈夫忘记了她的生日,妻子不生气,她通情达理。但这是真正的爱情吗?所有这一切无非是表明这两个人的关系如上了油一样毫无摩擦,但这两个人可能一辈子都会互不了解,永远达不到"中心关系",只是尽力使对方舒适而已。

我爱故我在

人类的本性中存有向善的追求,爱本身就是克服人性中自私的本性而产生的进化动因。弗洛姆支持马克思"人的全面发展"的观点,他认为,现代资本主义社会越来越被工业官僚阶层和职业政治家所控制,人们被大众领袖影响所左右,他们的目的是尽可能多地生产和尽可能多地消费,并把这作为自我目标。一切活动都从属于经济目标,手段变成了目标。人变成了物,成为自动机器,一个个营养充足,穿戴讲究,但对自己人性的发展和人所承担的任务却缺乏真正的和深刻的关注。因此,要使人具备爱的能力,就一定要重视人的发展,尤其要让人对自己存在的使命有清醒的认识。人要认识到人要成为自己的主人,经济机器应该为人服务,而不是相反,人要进入生产性的劳动,而不是纯粹以消费来定义自己,人要逐渐成为独立但能够与他人融合的成熟的人,他不再同自己的力量产生异化并且不再通过崇拜新偶像——国家、生产、消费的方式去体验自己的力量。

任何形式的国家中心主义、民族中心主义、拜金主义、拜物主义,都不是以人的完整发展为前提的,唯有爱是对人类存在问题做出的唯一答案。因此在人类的社会中要将人的发展作为社会的最高目标,使得人的合群性和爱的本性不脱离其社会存在,而是同社会存在联合一致——也即"我爱故我在"的存在观。只有这样,爱才会成为一种重要的社会态度,爱情才会真正地实现,人才能摆脱被异化的状态而最终占有自己的本质——人的个性。弗洛姆认为,爱是存在于每个人本质之中的最深的要求,人类不应该拒绝这一存在的根本性要求。虽然今天在西方社会这一要求被压抑了,但这并不意味着这一要求已不复存在。只要人类保持对爱的信仰,人类就能够完善自我并建设一个爱的社会。

第二节 自爱

人们普遍地认为爱别人是一种美德,而爱自己却是一桩罪恶,人们认为人不可能像爱自己那样爱别人,因此自爱就是利己。在西方的思想中,这个观点由来已久。这典型地表现在加尔文和弗洛伊德的观点中,加尔文把自爱看作是一种"瘟疫",弗洛伊德尽管用精神病学词汇来谈自爱,但他的观点同加尔文是相通的,对他来说自爱就是自恋,就是把力比多用到自己身上。弗洛姆认为西方思想中缺乏对自爱正确的理解,自恋并不是自爱,自恋是人发展的早期阶段,一旦成年人倒退或一直保持在这一阶段,他就不会有爱的能力,极度自恋的人发展到顶点就会疯狂,好像那喀索斯爱上了自己水中的倒影,死后变成了水仙花。

自爱的本质

弗洛伊德认为爱是性欲的显现,人的力比多是守恒的,不是使用到其他人身上,就是作为自爱使用到自己身上,因此爱别人和自爱是相互排斥的,这方多了那方就少了。所谓的自爱不过是对自我的过分强调,自爱是一种恶习,忘我才是一种美德。

弗洛姆认为上述原则本身就是矛盾的,自爱和爱别人之间并不是一对对立的基本矛盾,人们总是把自爱与自私混为一谈,但它们并不是一码事,自私利己并不是自爱,它恰恰是一个人缺少自爱的结果。应该说爱我自己同爱另一个生命是紧密相连的,因为我跳出我来看,也是另一个生命,也是人类的一部分,我也是值得被爱的。《圣经》中"爱人如己"的说法说明了对自己的完整性和独特性的尊重,也说明了爱自己、理解自己同尊重、爱和理解别人是不可分割的。如果爱他人是美德,而不是罪恶的话,那么爱自己也应该是美德,而不是罪恶,因为我也是一个人,有关人的一切概念都与我有关。

弗洛姆认为,我们的感情和态度的对象不仅是其他人,也包括我们自己。对别人的态度同我们对自己的态度互不矛盾,而是平行存在。爱别人和爱我们自己不是两者择一,恰恰相反,一切有能力爱别人的人必定也会爱自己,原则上爱自己和爱别人是不可分的。真正的爱是内在创造力的表现,包括关怀、尊重、责任心和了解诸因素;爱不是一种消极的冲动情绪,而是积极追求被爱的发展和幸福,这种追求的基础是人的爱的能力,这种追求的对象理所应当也应包括我自己,追求我自己的发展和幸福。如果我们认定爱的能力是一种对生活、幸福、成长以及自由的肯定,这个对象就不仅包括他人同时也包括自己。对自己的爱是以爱的能力为基础的,如果一个人有能力创造性地爱别人,那他必然也爱自己;但如果他只爱别人,而不爱自己,没有能力关怀、尊重、有责任心和愿意了解自己,那他也还是没有爱的能力。

自私与自爱的区别

尽管人们懂得既要爱自己又要爱别人,但是在日常生活中,利己的事件却常有发生。弗洛姆认为,利己者没有爱别人的能力,他们是利益导向而不是爱导向的人。他们可能会为了自己的利益而爱他人,也会因为得不到利益而离开。这种对自己的爱是自私而不是自爱。对人类的爱是对一个特定的人的爱的先决条件,但并不意味着只局限于个别人身上,尤其是只存在于对自己有利益的人的身上。利己者也可以去爱人,但原则上没有爱的能力,他们只对自己感兴趣,一切为我所用，他们体会不到"给"的愉快，而只想"得"。

利己和自爱绝不是一回事，实际上是互为矛盾的。看起来他很爱自己，但实际上他不是太爱自己，而是太不爱自己，他的内心缺少生命力，缺乏对自己的爱和关心，他常感到空虚和失望。他对自己的关心，实际上只是试图去掩盖和补充自己缺乏爱的能力的事实罢了。在必要时这个不幸和胆怯的人会通过各种其他的满足来弥补他失去的幸福。从一个过度忧虑的母亲身上，我们就能很好地理解这种被隐蔽的利己行为。母亲一方面真诚地相信，她对自己的孩子特别好，但另一方面她又有一种对孩子几乎已经觉察不到的敌意——她想占有孩子，她之所以忧虑重重，不愿意让孩子独立，并不是因为她太爱孩子，而是因为她要以此来弥补自己缺乏爱孩子和爱自己的能力，她要隐蔽爱孩子背后的占有欲带来的利己的快乐。

"忘我"作为一种神经症征兆

"忘我"，弗洛姆认为西方社会崇尚忘我的精神，实际上是一种缺乏爱的能力的主要病兆。"忘我"的人一无所求，他只为"别人活着"，而且因为不重视自己而感到自豪，这其实是因为他们缺乏创造力，也正是这种神经症产生的根源。他们通过"忘我"来追求他人的肯定，因为他根本没有能力去爱，没有能力使自己快活，他对生活充满了敌意，在他的"忘我"后面隐藏着一种很强的常常是自己意识不到的自私性——他渴望得到与他人满意的关系。至于他为何期待得到与他人满意的关系,背后可能掩盖着其他如厌世、虚弱、失去工作能力和处理不好爱情问题等病兆的折磨。但"忘我"的人还是会感到失望的,一旦他发现尽管他那么"忘我",可他同别人的关系仍然不令人满意,他就会感到吃惊和痛苦。

"忘我"作为一种性格特点,最常见的表现是"忘我"的母亲对自己孩子的影响。母亲总是会"忘我"地爱孩子,希望他可以通过她的"忘我"认识到什么是被人爱,认识并学会什么是爱,但是她的"忘我"所造成的效果往往违背她的意愿。孩子们并没有表现出他们是幸福的,他们是被人爱的,他们一个个胆小紧张,担心受母亲的责备并想方设法满足母亲的愿望。他们虽然能够感觉到母亲的那种隐藏在深处的对生活的敌意和恐惧,但他们并不能认识到母亲是一个缺乏创造力的人。总而言之,"忘我"的母亲的影响同利己者的影响并无多大区别,而且常常是前者甚于后者,因为母亲的"忘我"会阻止孩子对自己提出批评。孩子们生活在一种不能使母亲失望的压力下,在道德的假面具下,他们学会了轻视生活,放弃自己。一个能真正自爱的母亲是一个能体验爱情、欢乐和幸福的母亲,这对孩子将会产生更积极的影响。

中世纪德意志神秘主义哲学家和神学家埃克哈特的格言可以说最精辟地总结了关于自爱的思想。埃克哈特在《德意志传道书和传单》说:"你若爱己,那就会爱所有的人如爱己。你若对一个人的爱少于爱己,你就无法真正爱自己,如果你一视同仁爱所有的人,包括你自己,你就会像某个人那般爱他们,这个人就是上帝和人。一个既爱自己又爱他人如同爱己的人就是这样的人,一个值得这样评价的人。"[1]

第三节 爱的培育

弗洛姆认为,爱是一种积极的创造性力量,但是在爱中还含有其他一些基本的品格素养,例如关心、责任心、尊重和了解,这些要素是所有爱的形式共有的,也是儿童性格发展中必不可缺少的品质。

爱的四种基本品格

关心是爱的一种基本品格。爱是对生命以及我们所爱之物生长的积极关心,缺乏必要的关心,爱就不能体现。关心这一要素在母爱中表现得最为突出。如果有一位母亲拒绝给孩子喂食、洗澡和关心他身体的舒适,那么无论这位母亲如何强调她对孩子的爱,也不会有人相信她。但如果她关

---

[1] 埃克哈特(1260—1327),德国神秘主义哲学家和神学家,他认为上帝即万物,万物即上帝;通过自己的灵性,人可以与上帝合而为一,与万物一体,获得真正自由。

心孩子,她的爱就令人可信了。我们对动物和植物的爱亦是如此,我们的爱不能仅仅表现在口头上,而是要在我们对所爱之物生长的积极关心上。如果缺乏对所爱之物的积极的关心,那么这种热爱,只是一种喜欢的情绪,而不是真正意义上的爱。《圣经》的《约拿书》中对这种爱的表达最充分。上帝吩咐约拿去尼尼微向那里的居民宣布,如果他们不改邪归正,他们将受到惩罚,约拿却不愿行使这一使命,他逃跑了,因为他担心尼尼微的居民将会悔过,从而得到上帝的宽恕。他宁愿罪恶者受惩罚,而不愿他们得救。约拿是一个执法严格的人,但不是一个爱人的人。在他逃亡的路上,他发现自己躲在一条大鱼的肚子里,这条大鱼象征着隔绝和监禁,正是由于约拿缺乏仁爱和恻隐之心,所以才被送到这儿。上帝拯救了他,约拿顺利去到尼尼微,向那里的居民宣告上帝的话,这时正如约拿担心的那样,尼尼微的居民回心转意,虔诚忏悔,上帝原谅了他们,答应不使全城覆没。约拿大为不悦和失望,他要看到"正义",而不是仁爱。最后他坐在一棵蓖麻树的阴影底下乘凉想找回心中的安宁,而这棵树本是上帝让它一夜长高好替约拿遮挡灼热的阳光的。这时上帝却让这棵树枯死了,约拿十分沮丧,埋怨上帝。上帝回答说:"你为那棵一夜长、一日死的树惋惜,尽管你既没有栽活它,也没有关心它。为什么我就不能惋惜尼尼微城内那十二万好坏不分的居民和那许许多多的动物呢?"上帝向约拿的解释说明了爱的本质,爱的本质是创造和培养,爱和劳动是不可分割的,上帝爱他创造的劳动,人们爱自己劳动的成果,人们愿意为所爱之物付出关心和劳动。

对所爱之人、所有之物的关心和关怀还包括另外一个方面,即责任心。今天人们常常把责任心理解为义务,是外部强加的东西,实际上责任心这一词的本来意义是一种完全自觉的行动,是我对另一个生命表达出来或尚未表达出来的愿望的答复。有责任意味着有能力,并准备对这些愿望给予回答。约拿对尼尼微的居民没有责任心,就像《圣经》中该隐在杀害了自己的弟弟亚伯的时候,上帝向他询问他的弟弟去哪里了,他同样提出了这一问题:"难道我应该是我弟弟的看守吗?"该隐的回答是没有责任心的回答。一个有爱的回答,应该是我兄弟的生命不仅与他自己有关,而且也同我有关。我应对其他的人负责,就像对自己负责一样。这种责任心在母子关系中主要表现在母亲对孩子生理要求的关心,在成人之间则也包括关心对方的精神要求。

爱的第三个基本品格是尊重。没有尊重,责任心就很容易变成控制别人或奴役别人。尊重别人不是惧怕别人,尊重是有能力实事求是地正视对方和认识他独有的个性。只有在自由的基础上才会有爱,尊重一个人,就是要给对方自由,让他充分地去发展自我,是要努力地使对方能成长和发展自己,因此尊重绝无剥削之意。一个我爱的人,应该以他自己的方式和为了自己去成长发展,而不是服务于我。如果我爱他,我应该感受和他一致,而且接受他本来的面目,而不是要求他成为我希望的样子,以便使我能把他当作使用的对象。只有当我自己达到独立,在没有外援的情况下,独立地走自己的路,既不想去控制和利用别人时,尊重双方才有可能。重视自由的法国人早就意识到了自由与爱的关系,在一首古老的法国歌曲中,他们唱道:"爱情是自由之子,永远不会是控制的产物。"

爱的第四个基本品格是了解。尊重和关心都是以了解为基础的,人们只有认识对方、了解对方才能尊重对方。如果不以了解为基础,关心和责任心都会是盲目的,而如果不是从关心的角度出发去了解对方,这种了解也是无益的。了解需要深入事物的内部,而不是满足于一知半解。我们只有用他们的眼光看待他人,而把自己的兴趣退居到第二位,我们才能了解对方。换句话说,我们要学会换位思考,我们要及时地去关心别人、了解别人。比如这个人在生气,即使他自己不表露出来,但我还可以进一步地去了解他,然后就知道他很害怕和不安,他感到孤独和受到良心的谴责。这样我就明白他生气只是他内部更深的东西的反应,这时我眼中的他不再是一个发怒的人,而是一个处在恐惧和惶恐不安之中的受苦的人。

了解这一要素同爱还有另外一种基本的关系,就是透过了解我们可以更深地认识人的秘密。在人的范围内,我们每个人对自己和对别人都是一个不可解答的秘密。生命从生物的角度来看,就是一个奇迹和秘密。我们越深入自我生命的深处或另外一个人的生命深处,我们离认识生命的目标就越远,因为我们和他们并不是一回事。尽管如此,我们不能阻止这种深入了解人的灵魂的秘密的需要。只要人类存在,我们希望了解人的核心,了解人的自我的愿望将继续存在。

爱的四个基本品格——关心、责任心、尊重和了解是相互依赖的,在成熟的人身上可以看到这些态度的集中表现。成熟的人就是能够创造性地发挥自己力量的人,成熟的人只想拥有他自己的劳动果实,放弃了获取全力和全知的自恋幻想,并有一种谦恭的态度。他的这一谦恭的态度来自内心的力量,使他能够进行真正的创造性的劳动。

克服自恋

自恋倾向是人惯常的一种态度,人很难认识到自己的自恋倾向,我们每个人对世界的认识都是一个非客观的图像,一个被我们的自恋倾向所歪曲了的图像,但大多数人很难意识到,这种歪曲来自自己的自恋倾向。在实践爱的艺术上,弗洛姆认为人们要克服自恋,对自身的贪婪和恐惧保持客观性,才能发展出蓬勃的爱的创造力。

贪婪和恐惧是具有自恋倾向的人体验到的主要的内心

活动,对他们来说,外部世界的现象本身是不现实的,只有对他们有利或者威胁他们的事物才有意义。比如说精神病患者,他所认为的现实只存在于他的内心,就是他的恐惧和欲望,外部世界对他来说只是他内心世界的象征,只是他的创造物。普通人不难分清现实和内心世界,但是精神病患者却很难分清这种情况。我们普通人在做梦的时候也有类似的现象,在梦里发生的具体事件是内心活动的象征,但睡梦中的我们在情感体验上,还是会经历与在清醒状态感觉到的现实一样的真实。梦和精神病都是缺乏客观性的极端表现,它们的体验都在内心,对客观事物并没有开放的能力。在生活中到处都有因为自恋而歪曲对世界理解的例子,只是由于自恋的程度不一,歪曲客观的程度也有高低。譬如一位妇女打电话给她的医生告诉他,她很想当日下午去他那儿看病。医生说,他今天下午没有空,明天下午有空。可那个妇女却说:"医生,可我住的地方离您那儿才五分钟的路!"这位妇女不能理解她住的虽然近却不能节省医生的时间。她完全是从自恋的角度看问题的,她认为距离如此之近,帮助她节省了时间,所以医生也节省了时间,对她来说"我"是唯一的现实。

还有许多不那么明显的自恋的例子。在家庭生活里,许多父母在等待孩子回到家的时候,并不真正地关心孩子经历了些什么,是怎么经历的,他们只关心孩子是否听话,是否使老师和他们感到高兴等这些让他们感到颜面有光的事情。

还有不少丈夫认为他们的妻子很专横,限制了他们的"自由",实际上他们不知道这正是由于他们把妻子的角色母亲化造成的。同样,还有很多妻子认为她们的丈夫无能或者软弱,而实际上仅仅是因为丈夫不符合她们童年时代想象中的光彩夺目的骑士形象。对其他民族缺乏客观性就更常见,也更具有危险性。一个民族会突然地把另一个民族看成是劣等的和敌对的,却自认为本民族体现一切优秀的和高贵的品质。用一种尺度衡量敌人的行为,却用另一种尺度衡量自己的行为。甚至敌人的善意举动也被看作是险恶用心的产物,只是为了遮住我们和世界的眼目而已,可另一面又用高贵的动机来为自己的坏行为辩护。

　　日常生活中,不同程度的自恋是常规,客观性是例外。客观性就是对人和事物抱有开放的态度,实事求是地看待事物,保持一种能从表面深入到现象核心的客观主义。要保持客观性就要与外部世界产生强烈的联系,为此要学会运用理智进行分辨。不过,运用理智并不是一件容易的事,在一个人的思想中,很难做到对自己和他人平等,人总是会把自己看得比其他人重要,也会视本家族的、本民族的、本国的利益高于其他家族、民族和国家,一个人也总是会有一种妄图得到全知、全能的童稚的幻想,因此,对世界的任何事物,我们都需要保持谦恭。谦恭中包含着对自我为中心的克服,包含着对他人的尊重、倾听和学习。谦恭是一种爱的人格结构要素,在爱的练习上,我们与其运用意志力来克服自我为中心,不如训练谦恭的性格。

谦恭和客观性同爱一样不能只限于生活的一些范围,还必须拓展到对陌生人,对其他与我无关的人的态度上。如果我对陌生人没有客观的态度,那我对自己的家也不会真正客观,反之亦然。要想学会爱的艺术,就应该在任何情况下都力求客观,并且能注意到在什么情况下我没有力求客观,并对此保持清醒的态度。要努力去认识一个被我的自恋歪曲了的人的形象同这个人的实际面目之间的差别,就要脱离自我的利益、困难和恐惧。弗洛姆认为有无客观性和理智,是学会爱的艺术的一个关键性条件,人们应该对所有与自己有所接触的人都能保持客观和理智。如果我们只对所爱之人保持客观,而对其他人就不需要有客观性,那我们很快就能发现我们既不能处理好自己同所爱之人的关系,也处理不好同其他人的关系。克服自恋根本上就是博爱、公平、公正思想在个人身上的客观体现。通过保持谦恭,一个人才有可能实现客观。

积极创造

弗洛姆认为,克服自恋,学会客观认识自己和外部世界,人就要学会走出自己的世界,进行积极的活动训练。这里"积极的活动"不是指非要干点什么,而是指人内在的积极性，是人创造性地运用自己力量的一种表现。爱是一项积极的活动，如果我爱，我对所爱之人就会抱有积极的态度，而且还不限于对他（她）。如果我很懒散，自己处于一种非清醒的、不开放的和消极的持续状态，我就不可能对所爱之人抱有积极的态度。很多人并不是缺少创造性，而是刻意不让自己处于积极的状态中。例如睡觉是非积极活动的唯一形式，但大多数人却喜欢醒时如半睡，睡时如半醒，这样的状态就很难发挥他们的创造性。要想用心地学会爱的艺术，就要在思维、感觉、看和听的活动中保持清醒、警觉和开放的状态，只有在完全清醒的状态下，才会让自己和别人都不感到无聊。那些在生活工作中缺乏创造力的人，很难是一个在爱情中具有积极性的人，如果有也是他们伪装出来的。我们不可能把自己的生活分为两个部分，在爱情的范畴有创造性，而在其他的范畴就不需要有创造性，这是一种幻想，因为创造性作为一种人格结构，其火花会四溢在每一个领域。培育爱的能力，要求人全力以赴，要求人处于清醒状态，并有一种生命力的升华力量，而这种能力只能通过在生活的许多其他方面的创造性和积极的态度才能获得。

弗洛姆所谓的积极的活动，或者创造性的力量，用一句话来说就是热爱生活。当我们热爱生活，就会善于发现生活之中的乐趣，就会唤醒和调动自己的创造性力量，使自己处于清醒的状态。对于谈恋爱的人来说，可以开展的活动很多,但只有那些能够增进彼此交流的活动才算得上是积极性的活动。第一次约会就去看电影,在黑暗的房间里与众人待上两个小时,这不是明智之举。如果时间合适,参观博物馆、画展、拍卖会,听讲座,登山郊游,或者逛动物园、图书馆,听音乐会,欣赏剧团演出,或者游览名胜古迹,坐公交车环游,等等,都能够增加对对方鉴赏力、品位及过去经历的深入了解。还有一些简单的球类运动,玩牌、跳棋、拼字游戏,划船、游泳或其他水上运动,做风筝、放风筝,散步、逛街等都有助于爱的关系的培养。一起买菜、洗衣服、洗车,一起去社区做义工等为他人而做的事情,更能够有助于培养牢固的爱的关系,这些都是值得提倡的积极的活动。

第四节 爱的能力的培养

《爱的艺术》并没有给出得到爱情的技巧或秘诀,对于那些渴望掌握爱的艺术的人,弗洛姆强调人的爱的能力才是关键,对此,他认为有四个基本训练是人们学习爱的艺术应当必备的:纪律、专注、耐心、最大的关注,它们是一个人发展爱的能力的基础。这些训练看似很枯燥,与艺术毫不相关,如同木匠学徒学刨木头,钢琴学生练习音阶,佛门之人练习禅修和射箭的人练习呼吸,却是学习这门艺术必备的功课。为了使自己成为一门艺术的大师,我们必须把毕生献给这门艺术,并且要将日常生活的每一个细节都作为实践爱的艺术的开端。

纪律训练

第一个是纪律训练。纪律是爱能继续的保证,学习任何一门艺术都需要有一些基本的纪律。如果没有纪律,人们将会一事无成,如果人们只是凭一时的"兴致"去行事,也许会经常感到愉快,但永远成不了大师。这里所指的纪律不是训练时间或强度等艺术实践的纪律,如拳不离手,曲不离口,而是贯穿人一生的纪律。人要在八小时之内学会纪律很容易,只要遵守八小时的工作规范,人们就能让自己显得很有纪律,但在工作之外人们还能自律就很难。因为他总想用慵懒来对被强迫的生活秩序做出反叛的回应。另外,在反对权威的斗争中,人们对每一种纪律实际上都是抱有怀疑的态度。不管这种纪律是非理性权威强加给自己的,还是自己给自己规定的理性的纪律,他都持有怀疑态度,但如果没有纪律,生活就会七零八落、混乱和没有专注性。

西方社会一直遵循着清教徒时代的生活纪律,如建议早起,不要过奢华的生活,要努力工作等。这种类型的纪律,把节约的道德放在首位,使纪律成了一种约束,并承认纪律必须要克己,只有这样才会有效果,才是"有用的"纪律。这种纪律观念在很多方面已经很难得到现代人的认可了。弗洛姆认为,在爱的训练上需要借鉴一下东方人的纪律观念,让爱成为自我意志的一部分,让纪律内化为我们的一种内在约束力并习惯于这种思考模式。东方人很久以来就认识到,与身心有益的东西必定使人舒适,即使开始的时候需要克服一定的阻力,但只要遵循一定的规律都能够达到身心舒畅的效果。与其刻意地去形成某种纪律,不如以一种心灵的平和宁静来找到生活的平衡点。例如,每天早晨按时起床,按时进行一定的活动,如禅坐、看书、听音乐和散步,不做或者有限度地做一些分散注意力的事,如有计划地看侦探小说和电影,不暴饮暴食等,这些都是明显的纪律的基本要求。最重要的是不要把纪律看作是外部强加的东西,而应该成为自我意志的体现,应该感到这是一种愉快,并且逐渐习惯于一种生活态度,一旦放弃它,便会若有所失,这样纪律就会慢慢在身体和心灵中一起形成。

专注训练

第二个是专注训练。对于掌握艺术的人来说,专注是无须证明的必要条件。然而,现代社会的文化是一个培养"分散注意力"和反对培养专注的快餐文化,专注比自律还要困难,这种文化已经导致一种非专注的、分散的、史无前例的生活方式。人们往往同时干几件事:看书、听收音机、谈话、抽烟、吃饭和喝酒。人成为消费者,张开大嘴坐着贪婪地吞下一切东西：影片、烧酒和知识。这种缺乏专注的想象特别表现在我们现在已经很难一个人安静地坐着。大多数人已经不会一个人安静地坐着，不说话、不抽烟、不看书和不喝酒。他们很快就会变得不安起来，他们一定要动嘴或者动手。抽烟就是缺乏专注的一个症状，抽烟的人既动手、动嘴，也动眼睛和鼻子。

弗洛姆非常重视专注的训练，他认为训练专注，一个人最重要的是学会独处的能力，虽然这种个人与自己的关系同爱情无关，但独处的能力是学会爱的一个条件，因为幼稚、不成熟的人常感到不能自力更生，总是会把自己同另一个人连在一起。训练专注，最重要的步骤是要学会一个人单独待着，而且不看书，不听广播，不抽烟和不喝酒。每一个试图这么做的人将会知道做到这点是很难的。随着时间的推移，他会坐立不安，甚至会感到有点害怕，他还会觉得一个人待着无意义，太愚蠢、太浪费时间，等等，于是他就会找各种借口为自己放弃练习辩护。他在练习的过程中还会发现一个人待着的时候，各种各样的念头都会冒出来困扰他，他大脑不停地思考和打算他这一天还能干些什么、工作中遇到的困难或者是考虑今天晚上上哪里去。

弗洛姆建议借鉴禅宗冥想或打坐的方式，做一些简单的练习帮助专注。譬如轻松地坐着（既不要懒散，也不要紧张），把眼闭上，努力使自己的眼前出现一片白色，并排除一切干扰自己的画面和念头。然后可以试着观察自己的呼吸，不要去想它，也不要去影响它，而只是要意识到自己在呼吸。另外还要试着得到一种"自我"的感受——"我＝我的自己＋我的力量的中心＋我的世界的创造者"。至少每天早晨要做20分钟这样的练习（如果有可能还要延长）和每晚睡觉前坚持练习。除这些练习外，还要学会专心做一切事，例如专心听音乐、看书、谈话或欣赏图画。如果专心地干，那么干什么就无关紧要了，无论干什么，重要的或者不重要的都会增加一层现实意义，因为干事的人是完全开放的。

为了学会专注，弗洛姆建议要学会尽量避免无意义的谈话，也就是不能称之为谈话的谈话。如果两个人在谈论他俩所熟悉的一棵树的生长情况，或者在评论刚才吃过的面包的味道，或者在回忆他们职业上的共同经历，他俩的谈话可能是重要的，这就看他俩是否真的在谈论一件经历过的事，还是就抽象的东西交换看法。另外有关政治或者宗教的谈话也可能是毫无意义的，如果交谈者只是老生常谈，没有亲身经历的体会，只是交换一下看法而已，那就大可不必继续该谈话。不仅要逃避无聊的谈话，还要避免同不三不四的人来往。这里指的不仅是要回避那些有破坏性的凶恶之人，因为这些人会使人消沉和压抑，还指那些内心无生命力的人，那些思想和谈话都没有内容的人，这些人不是在谈话，而是在闲扯，他们不会思考，只会把一套套的世俗之见搬出来。当然不可能永远回避这些人,有时也没有非这么做的必要。在和这样的人接触中如果你不是像他们所想的那样闲扯一通,而是直率地和与人为善地谈自己的看法,你就经常会看到他们会突然改变自己的态度,这一方面是因为你的反应使他们大吃一惊,另一方面也是因为他们自己也渴望从杜撰和陈词滥调中摆脱出来,走向现实。

在实践爱的艺术上,要在同别人的关系中学会专注。首先要学会用心倾听,大多数人认为他们是在听别人讲话,而且还帮对方出主意,可实际上他们根本没听进去。他们不重视别人的话,漫不经心地回答对方。后果是,这样的谈话往往使他们感到疲倦。他们认为如果他们集中地听对方讲话,就会更疲倦了。可他们想错了,每一件聚精会神完成的事都会使人清醒,尽管干完事后会出现能恢复的自然疲劳状态,而懒懒散散的干事只能使人产生倦意,同时在夜里却很难入睡。专注意味着要完全地在现时现地生活,而不是干着这事想那事。那些相爱的人应当首先练习专注,这是理所当然的。他们必须学会亲近对方并向对方开放,而不是像通常所见的那样相互回避。

耐心训练

第三个是耐心训练。学过艺术的人都知道急于求成的人是永远也学不会一门艺术的。尽管如此,弗洛姆认为,对现代人来说耐心同纪律和专注一样都是难以做到的。现代社会整个工业系统提倡的是时间和速度，这恰恰是耐心的对立面。我们所有发明的机器都是为了达到更快的目的，例如汽车和飞机可以把我们很快地送到预定的地点，越快越好。生产效率上也追求快，以一半的时间生产同样多的产品的机器要比旧的和运转慢的机器好一倍。这一点，在上一章也分析过，以资本为主的社会，人的价值已经异化成由经济价值所决定。人们会认为对机器是好的东西必然对人也是好的，这听起来似乎合乎逻辑。现代人只追求快，认为如果他不能很快地处理事情，就会失去时间，可他并不知道他应该如何利用由此赢得的时间，在多余的时间里，他只能无聊地打发时间。

耐心与急躁相对，它反映了一个人对待事情的心理成熟度，它意味着一个人必须要忍受不合自己心意的人或事，克服以自我为中心的毛病，才能达到对人的关怀。耐心听人说话是一个人非常具有爱的表现，当我们学会耐心倾听他人说话的时候，我们才是发自内心地尊重他人，我们也才可以进入到一个人的内心世界。在爱的实践上，只有在对方身上耐心才能让对方感到被爱，也让自己的心灵感到安静。耐心也是一种坚忍不拔、不怕失败的品质。要想知道什么是耐心，只要观察幼儿学走路就行。孩子一次、两次、三次跌倒在地上，可他还是坚持着走下去，一直到不摔跤为止。一个人如果有孩子学走路的耐心和专注,想象看他能做出多么大的成绩!

最大关注训练

第四个是最大关注训练。如果一个人对一门艺术没有投入最大的关注度,没有让它成为他生命中最重要的事情的话,那他最多成为一名业余能手,不可能成为大师。在爱的艺术修炼上,要让自己对爱敏感,就要对所爱的人保持最大的关注和热情。这显然有点难度,弗洛姆认为,有必要借鉴一些宗教的醒觉的训练方式,使人从纷繁的世界中抽离出来,保持对自我的清醒,保持对一个具体生命的清醒关注。

首先要保持警醒,这种醒觉是来自对所爱事物的敏锐关注。例如有汽车的人对自己的汽车总是很警觉的,任何一种细微的声响和马达功能的变化都不会被他们放过。同样开车的人对马路表面的变化、前后车辆的速度及方向变化也会十分灵敏。尽管他并没有去思考这些现象,但他只是处在这种清醒的状态之中,对他所专注的行驶中所发生的任何变化都会做出反应。对一个生命清醒的关注从母亲对婴儿的态度中也能够找到。在婴儿还没有表达以前,母亲就能感觉到婴儿体内的一些变化、他的愿望和需要。婴儿一叫或一哭,母亲就会醒来,虽然平时比这更响的声音都不会吵醒她。这说明了母亲对孩子的每一种生命的表现都是很清醒的,母亲既不害怕,也不担心,而是处于一种清醒的平衡状态,能接收孩子发出的每一个重要信号。

我们也可以以同样的方式清醒地面对自己。譬如在感觉到累或者消沉的时候,不应该听之任之和用消沉的想法去加剧这种感受,而应该问问自己:到底发生了什么?为什么我那么一蹶不振?同样,在我们生气或者迷惑不解的时候,在我们开始想入非非的时候,都应该这样问自己。在所有这种情况下,重要的是要觉察内心的活动,而不是用各种各样的方法去找到为自己辩护的借口。这样我们就常常会听到内心的一种声音,在向我们讲述,为什么会害怕、消沉或者迷惑不解。

除了对身体的醒觉之外,还需要保持对心灵的醒觉。一般人能敏锐而清醒地注意到身体的变化,却不能敏锐而清醒地注意到内心的变化。很多人能够感觉到身体的每种变化甚至能发现几乎感觉不到的疼痛,但是对心灵变化就不可能那么敏锐。因为注意身体的变化是比较容易做到的,大多数人都了解自己的健康状态,但许多人还从来没见过一个对自己的内心活动保持清醒的人。对他们来说,衡量内心活动是否正常的标准是他与他们的父母和亲戚,或者是他们加入的社会集团是否保持着一致的联系,如果他们之间保持一致,他就觉得自己很"正常",也就没有兴趣去观察他与他们不同的生活态度和内心活动。

对西方文化衰落的反思

弗洛姆认为,为了能清醒地面对自己,人们必须要有一个前提设想,要明白何谓清醒,何谓健康地、活跃地、充满人性地发挥人的作用。这个问题击中了西方教育制度的要害。在传授知识方面,西方教育遗失了现身示范的教育传统。过去,一个成熟、慈爱的人作为榜样的现身教育对人的发展来说是最重要的教育,在西方文化的某些阶段,人们的观念与中国和印度一样,最有影响的也是德高望重的人。现在,那些值得钦佩和作为榜样的人,并不是因为他们高尚的品质而出名,而是因为大众传媒鼓吹的成功而成为榜样,例如流行在媒体中的电影明星、播音员、一些新闻记者以及政界和经济界的巨头,等等。这是西方文化传统衰落的表现之一。尽管如此,西方社会还有机会,像阿尔贝特·施韦策(法国神学家与传教医师、和平斗士与哲学家)这样的人能在美国和其他地方出名,说明西方社会还没有糟糕到使人绝望。

现代西方教育应向东方学习,教师传道授业解惑外,更首要的任务是培养学生具有一定的人的品质。今天西方社会要加强对经典文学、艺术和不朽之作的学习与发扬,如果能够使西方的青年一代重新熟悉那些活着的和死去的优秀人物,并通过这些人了解人能不断完善自己,西方社会就有可能去传授人们应该如何清醒地、充满活力地生活。如果做不到这点,有一天西方世界很可能会面临整个文化传统崩溃的下场。如果西方社会的教育不回到首先传授做人的态度而不是传授一些思想和知识为基础,如果西方的青年后代不再能经历这一传统,即使人们还在继续不断地传授和发展知识,西方五千年的文化还是会崩溃。这真是西方社会最值得反思的问题。

第六章　神爱与信仰

没有宗教就没有道德,这是一直以来西方人对宗教的认识。所有的宗教都以不同方式来强调爱的重要。佛教称之为慈悲、基督教称之为博爱、儒家称之为仁爱、道家称之为无为。千百年来,宗教与人类共生共长,铸就了人类辉煌的文明,人们对神明的崇拜之爱,也从未消减过。弗洛姆认为,人们对神的爱与对人的爱有其共性。不管是神创造了人类,还是人以人的形象创造了神,对神的爱的寻求,与人类寻求与人的结合一样,都是为了通过爱来消除隔膜,追求人与神的融合。人类对神的爱,同对人的爱一样也不全是一模一样的,也存在着多种形式。世界有七大宗教,包括印度教、佛教、儒家、道家、伊斯兰教、犹太教、基督教,此外还有各种原初宗教。但不管如何,在所有的宗教中,无论是在一神教还是在多神教中,神体现最高价值,体现至真至善至美。主流的世界性宗教有一个非常显著的共性——对在寻求爱和心灵觉悟的过程中需要努力和奉献的坚持。关于爱,他们都提供了惊人相似的教诲,强调通过心灵觉悟或通过上帝之路,但最关键在于战胜利己主义,弘扬利他主义。[1] 要了解爱与宗教的关系,就要了解信神之人对什么是至善的观念以及他的人格结构。

第一节 从母系到父系的宗教

人类神祇崇拜的三阶段

人类的神祇崇拜从自然界开始,这是各大宗教的起源。尽管脱离大自然、脱离母亲、脱离血缘的联系是人类成为自己的标志,但在人类历史的开端,人类始终还是紧紧抓住这种同大自然的原始和谐的低级的联系,并通过这种联系获得一种安全感。早期阶段,人一直感到自己同动植物界是一致的,并企图通过同自然界的一致找到统一,许多原始的宗教证明了这一发展阶段。例如动物被当作图腾受到崇敬,在大型的宗教节日和打仗的时候人们会戴上动物假面具或者把某种动物当作神来礼拜。

偶像崇拜是神祇崇拜的第二个阶段。当人的技能发展到出现手工劳动和制作艺术品阶段时,当人不再是只依靠大

---

[1] [美]阿明·扎德:《爱的重建:愿你永远拥有爱的能力》,沈洁译,天地出版社2018年版,第127页。

自然的恩赐物时，当他开始能够耕种或畜牧维生时，人就把他双手劳动的成果变成一个神。在这个阶段人们礼拜泥土、银子和金子做的偶像。人把他自己的力量和技能反射到自己制作的物体上去，并以一种异化的形式礼拜他自己的力量和财物。

之后的第三个阶段，人赋予他的神以人的形象。那些他亲手塑造的偶像，被赋予了人的形象，人对自己有了足够的理解，并且发现了人是世界上最伟大、最高贵的"物体"，他的偶像自然也就具有这些特点。在这个神人同形的阶段，有两个发展趋势。一种趋势是神祇的形象出现了的阴性和阳性；另一种趋势是人对神祇的本质以及人对神的爱的形式的认识，随着人类的成熟而逐渐发展成熟。

从阴性到阳性的神祇崇拜

宗教演变的第一个趋势中出现了一种从阴性发展到阳性的崇拜变化。19世纪中叶，两位人类学家巴霍芬[①]

[①] 巴霍芬：J.J.Johann Jakob Bachofen(1815—1887)，瑞士人类学家和法学家，代表作品有《古代墓葬象征符号》(1859)、母权论(1861)、《塔娜奎尔的传奇故事》(1870)。巴霍芬《母权论》的发表，标志着家庭史研究的开端，他是第一个提出母权制概念的人。

和摩尔根①的发掘物尽管没有得到学术界大多数人士的承认,但是他们的这些伟大的、决定性的发现证明了至少在许多文化中,在父系社会以前就曾存在过宗教的母系社会阶段。在母系社会阶段,母亲是最高的生命,她就是神,也是家庭和社会的权威。

以母为神的宗教本质,与母爱的本质相似。母爱是无条件的,母爱保护一切,促进一切。正因为母爱是无条件的,所以是无法控制和不能通过努力获取的。母爱的存在给予所爱之人一种祝福的感受,缺少母爱就会引起一种惘然若失和绝望的感受。母亲热爱孩子,是因为这是她的孩子,而不是因为孩子表现优秀和听话,或者孩子能满足她的愿望和要求,所以母爱的基础是平等,所有的人都是平等的,因为他们都是母亲的孩子,因为他们都是大地母亲之子。

然而,人类的进化阶段走进了下一阶段——父系社会阶段。在这一阶段母亲从最高的地位被赶了下来,父亲成为最高生命,而且不仅在宗教中,在社会上亦是如此。父爱的基

---

① 摩尔根:Lewis Henry Morgan(1818—1881),美国著名的民族学家、人类学家。代表作品:《古代社会》(1877)、《易洛魁联盟》(1851)、《人类家庭的亲属制度》(1870)。他深入研究了原始社会人类的社会制度、姻亲制度、氏族制度。1851年出版的《易洛魁联盟》是世界上最早的印第安人民族学著作。他的最重要的学术著作《古代社会》于1877年出版,在此书中,指出氏族是原始社会的基本细胞,继而提出原始的母权制氏族是一切文明民族的父权制氏族以前的阶段。

本点是父爱是有条件的,并且规定原则和法律,父亲对孩子的爱取决于孩子服从他的程度。父亲最喜欢那个与他本人最相像、最听话和最适合当他继承人的儿子。父系社会的发展同私有制的发展是平行的,父系社会是有等级的,兄弟之间是不平等和竞争性的,他们要为争坐第一把交椅而竞争父亲的认可。无论在印度、埃及、古希腊,还是在犹太教、基督教和伊斯兰教的文化中,我们都找得到信奉男性神的父系社会,在有些父系社会由一个主神主宰诸神,而在有些社会人们只信奉一个主神。但这并不意味着所有人都崇拜男性神,只要人们追求母爱的愿望没有彻底地从内心铲除,对于慈母形象神祇的崇拜就不可能被驱逐出罗马万神庙。在犹太教中,母神的许多特点出现在神秘主义的各种流派中。在天主教中,圣母院和圣母马利亚象征着母亲的形象。就是在新教中,母亲的形象也没有完全消失,只是更隐蔽些罢了。马丁·路德在宗教改革中提出的最重要的原则是:人所做的一切都不能唤起上帝的爱;上帝的爱是恩赐,宗教的态度就是信赖这一恩赐和把自己变成弱小和需要帮助之人;没有任何善行能影响上帝或者能促使上帝爱我们。表面上看起来路德的教义具有以男子为中心的气质,但认真分析来看,路德的原则同天主教的教义没什么两样,它隐蔽地反映了上帝之爱中的母性成分。

父系成分和母系成分在宗教中的区别或者这两种因素

在宗教中所占据的相对比重,对信徒理解如何爱神有明显的影响。父系成分就是让我像爱一个父亲那样爱神,我应该相信神是正义和严格的,神赏罚分明,神最终会把我看作是他心爱的儿子,就如上帝选中了亚伯拉罕,以撒偏爱他的儿子雅各和上帝偏爱他挑选出来的人一样。宗教的母系一面就是我爱上帝如爱包容的母亲一样。我信赖她的爱,不管我如何贫穷,如何卑微,不管我犯有多少罪孽,母亲将永远爱我。不管发生什么事母亲将帮助我,拯救我,祝福我。当然我对神的爱和神对我的爱不可分割。如果神是一个父亲,他爱我如儿子,我爱他如父亲。如果神是一个母亲,她爱我如儿子,我爱她如母亲。

西方人对上帝认识的四个阶段

除了父系和母系的成分区别是影响和决定神爱本质的一个因素外,另一个因素是每个人对神的概念的理解和对爱神这一宗教信仰所达到的成熟程度。弗洛姆认为,人类对神祇的认识和对神的爱是随着人类从以母亲为中心的社会结构进化到以父亲为中心的社会结构以后不断成熟的过程,西方对上帝的认识也经历了三个阶段。

第一个阶段人们心中的神是一个专制的、妒忌心十足的神。上帝把他自己创造的人看作是自己的私有财产,上帝可以随心所欲地摆弄人。这就是上帝把人从天堂里赶出来,不让人辨别善恶之树的果子,从而也变成神的阶段。在这个阶段,上帝还决定用洪水来消灭人类,因为没有一个人能给他带来欢乐,只有他心爱的儿子诺亚活了下来。在这个阶段上帝还要求亚伯拉罕杀死他唯一心爱的儿子,以证明他对上帝的爱。与此同时也开始了第二个阶段,上帝同诺亚缔约,上帝答应不再消灭人类。上帝通过缔约承担责任,上帝不仅受他许下的诺言的约束,而且也受到他自己的原则,即正义的原则的约束。在这个原则的基础上,上帝不得不同意亚伯拉罕的要求:如果至少有十个义人在,就得宽恕所多玛城。这个新阶段不断地发展,一直到上帝从一个专制的部落首领的形象变成一个慈爱的父亲,一个受他自己立下的原则约束的父亲。然后又进入了第三个阶段,上帝又从父亲的形象变成正义、真理和爱的原则的象征,上帝是爱,是正义。发展到这一阶段上帝就不再是一个人、一个男人和一个父亲,上帝成为统一各种现象的原则。上帝不可能有自己的名字。因为只有物体、人、有限的东西才会有名字。上帝既不是人又不是物,怎么会有名字呢?

人类对上帝的认识,逐渐进入第四个阶段,即抽象的概念中,这一发展最令人信服的例子是《圣经》里上帝在摩西面前现身的故事。摩西说如果他不把上帝的名字告诉以色列人,他们是不会相信他是神派来的(因为偶像崇拜者不会相信没有名字的上帝,偶像的本质就是偶像有名字)。这时上帝向摩西妥协，上帝对摩西说，我的名字叫"我是现存者，我将永存"，或者这一句子的适当译法应该是：告诉他们，"我的名字叫无名"。这名字意味上帝不是有限的，上帝不是人也不是物。所以犹太教中禁止画上帝的像、滥叫上帝的名字或者干脆禁止称呼上帝的名字，都是为了使人从上帝是父亲，上帝是人的观念中解放出来。"上帝是个灵""神就是爱"，在此基础上发展起来的神学进一步深化了这一思想，以至于今天谈上帝时不能用肯定的形容词。如果有人说上帝是智慧的、伟大的、善良的，又意味着上帝是个人，所以我们最多只能说上帝不是什么，即用否定的形容词，那就是：上帝不是有限的、不在热恋、不是无理的。我越知道上帝不是什么，就越了解上帝。

神在宗教和非宗教上的意义

如果继续探讨单神主义这一思想不断完善的过程，我们得出的唯一结论就会是：不要提上帝的名字，不要谈论上帝。这样上帝就变成了在单神神学中所应该具有的形象，也就是根本无法表达的形象。这样上帝就体现了万物之基础的统一，体现了一切生存的基础。上帝就成为真理、爱和正义。从神人同形到单神原则，人们对神爱的理解产生了变化。停留在对神认识早期阶段的人，还没有摆脱对上帝是父亲角色的幼稚幻想，他会像一个孩子始终强调应该有一个能帮助我、保护我和惩罚我的父亲——一个我顺从时疼爱我,不顺从时怒怼我的父亲,一个听到我的恭顺便心情舒畅的父亲,尽管他有时降福于我,有时迁怒于我,但因为上帝始终是父亲,我始终是孩子。这种将神作为父亲来爱的人,还没有从追求全知和全权的虔诚愿望中解脱出来,还没有达到一定的客观性,未认识到作为人的我的局限性,认识到我的无知和无能。

弗洛姆认为,人们将上帝作为父亲,这一概念一直还是宗教信仰的主要形式,但人们没有看到单神宗教的另一方面和这一宗教的真正核心恰恰导致了否定神的思想的出现。试想,一个真正有宗教信仰的人按单神思想的本质行事,他不请求神给予他什么,他也不期待从神那儿得到什么,他知道请求和期待都没有用,神按照自己的旨意行事,他对神的爱不是像一个孩子爱他的父亲或爱他的母亲那样,他更多的是达到一种谦恭的态度,因为他知道他对神是一无所知的。这样,"神"对他来说变成了一种象征,象征表达了他所要追求之物,那就是爱、真理和正义。他相信"神"体现的各种原则,他诚实思考,生活在爱和正义中,并感到只有能够使他充分发展自己力量的生活才是有意义的,这样的生活是唯一有价值的现实,是"最终知识"的唯一对象。终于他不再谈论神,也不再提神的名字。他对神的爱,转化为一种努力达到的爱的全部能力,努力在他内心实现神。从这一观点出发,单神思想的逻辑结论就是否定全部"神学",否定全部"有关神的知识"。

弗洛姆的这种观点在宗教信仰人士看来会有点激进。弗洛姆认为,神的概念仅仅是一定历史时期的产物,通过这一概念,人表达了在一个特定的历史阶段人对他自己最高力量的体验,以及追求真理和统一的努力。西方宗教信仰发展到现阶段,形成了一种"神在人的内化"的信仰体系,这一信神的体系与非"神学"的神秘主义体系一样都是以一种精神实体为前提的,这一精神实体能超越物质世界的人,并对人的精神力量以及追求拯救和新生的努力赋予意义和价值。但是在非信神的信仰体系中,并不存在什么置身于人体之外和超越人的精神实体。爱、理智和正义的范畴之所以存在,是因为人在进化的过程中有能力发展他内心的力量,从这一观点出发,宗教和非宗教体系都赞同生活除了人赋予的意义外是没有别的"意义"的。

第二节　东西方哲学对神爱的理解差异

东西方的宗教存在明显的差异,西方是一神论宗教,东方却是多神论宗教,西方人习惯用亚里士多德的逻辑来理解神,而东方却常使用悖论逻辑。弗洛姆认为这种东西方哲学的差异,从根源上影响了人们对神爱的理解差异。

亚里士多德的逻辑与悖论逻辑

自亚里士多德以来西方世界一直遵循亚里士多德哲学的逻辑概念,这一逻辑的基础是同一律(A 是 A),矛盾律(A 不是非 A)和排中律(A 不能既是 A 又是非 A,也不能既不是 A 又不是非 A)。亚里士多德的逻辑用一句话就是:同一个宾语不可能既属于这一主语又不属于这一主语,这是所有原则中最基本的原则。亚里士多德逻辑的这一公理对西方的思维习惯影响如此之深,以至于西方人会觉得这一公理天经地义,然而"X 既是 A,又不是 A"的论调是荒谬的。

同亚里士多德逻辑对立的是人们称为悖论逻辑的理论,也就是 A 和非 A 都为 X 的宾语,但不相互排斥的假设。在中国和印度的思想中这种逻辑占主导地位,在赫拉克利特哲学中亦是如此——最后这一逻辑成为黑格尔和马克思的逻辑,被称作"辩证法"。老子十分精辟地表达了悖论逻辑的普遍原则:"明道若昧。"而庄子说:"是亦彼也,彼亦是也,此亦一是非,彼亦一是非。"悖论逻辑的这些提法都是肯定的:既是又不是。还有另一种否定的提法,那就是既不是这又不是那。前者可以在道家、赫拉克利特哲学以及黑格尔哲学中找到,而后者则经常出现在印度哲学中。

在西方的思想中,悖论逻辑最早出现在赫拉克利特的哲学中。赫拉克利特认为矛盾的冲突是全部生存的基础。他说:"你们不明白矛盾的东西本身并不矛盾;那是一种相反相成的关系,就像琴弓和琴一样。"①他还更为清楚地表达了这个思想,他说:"我们不能两次走进同一条河里;是我们又不是我们。"他又说:"在我们身上生与死,梦与醒,少与老永远是同一个东西。"②在中国老子的哲学里同样的思想通过诗的形式得以表达。道家悖论思维的一个典型说法是"重为轻根,静为躁君",或者是"道常无为而无不为",还有"吾言甚易知,甚易行。天下莫能知莫能行。"同印度和苏格拉底的思想一样,在道家思想中思考能引起的最高的东西就是知道自己的无知。"知不知,尚矣,不知知,病也。"最高之神是不可能有名字的,这只是这种哲学的一种结论。最终的现实,最终的一体既不能在语言中,也不可能在思想上得到表达。老子认为:"道可道,非常道;名可名,非常名。"他还说:"视之不见名曰夷,听之不闻名曰希,搏之不得名曰微。此三者不可致诘,故混而为一。"老子还有一种说法,那就是"知者不言,言者不知。"

在印度,婆罗门的哲学和中国的哲学一样,都不夹杂二元论的和谐(统一)存在并产生于非对抗性的矛盾的主张。

---

① [古希腊]赫拉克利特:《残篇》,恩斯特·海曼伦出版社1926年版,第7页。
② [古希腊]赫拉克利特:《残篇》,恩斯特·海曼伦出版社1926年版,第11页。

婆罗门的哲学是研究(现象的)多样性和统一(婆罗门)之间的联系,他的哲学思想从一开始就是围绕同时存在的对抗物的矛盾以及现象世界的可把握的力量及形式的一致性。宇宙和人的最终力量既超越意识的范畴,也超越感官的范畴,因此这种力量既不是这个又不是那个,在这种严格说来是非二元论的实现中,不存在真实和非真实之间的对立。婆罗门的思想家在寻找隐藏在多样性后面的统一时得出下列结论:可见的一对矛盾不是反映事物的本质,而是反映感觉到的精神的本质。感觉到的思想必须超越本身才能达到真正的现实。矛盾是人的精神的一种范畴,其本身不是现实的因素。在印度最古老的一部诗歌集《梨俱吠陀》中这一原则是这么表达的:"我是两样东西,是生命之力量,又是生命之材料,我同时是两者。"这一思想的最终结论是:只有在矛盾中思想才有能力感,而这一最终结论又引起了吠陀教的一个更为明确的思想,那就是思想包括其各种细微的差别的思想,只是无知的一个更为细微的界限,实际上是幻象的所有欺骗性表现中最细的表现。

悖论逻辑对神的概念具有根本性的意义。只要神体现最终现实,只要人的精神只能在矛盾中感觉现实,就不可能对神下一个肯定的定义。在《吠檀多经》中一个全知和全权的神是无知的最高形式,这里我们就可以看到这一思想同道家的无名,同向摩西现身的无名上帝以及同埃克哈特的"绝对虚无"是有联系的。人只能认识否定,而不能认识对最终实体的肯定。"人根本不可能知道神是什么,人也许能知道一些神不是什么……这样理智就不会满足于任何物体,而是越来越渴望追求最终的至善至美。"对埃克哈特来说:"神明就是否定之否定,否认之否认……所有创造物内部都有种否定,否定自己是另外一种事物。"①由此就可得出,对埃克哈特大师来说神只是"绝对虚无",就像最终现实对喀巴拉(犹太教神秘主义体系)来说是无穷一样。

悖论逻辑对神爱的理解

悖论逻辑的导师(东方宗教的奠基人或宗教思想家)认为,人只有在现实的矛盾中才能感觉现实,人永远无法在思想上把握最终实体,把握宇宙。这一理论的结论就是人们不应该把从思想上找到答案看作最终目的。思想只能使我们认识到思想不能使我们做出最终回答,思想的世界囿于悖理之中。最终把握世界的唯一可能性不在思想,而在体验统一。这样悖论逻辑就导致下列结论:对神的爱既不是从思想上了解神,也不是指自己爱神的思想,而是在爱的体验中体验自己同神的一致。这样就又得出了人要重视正确生活道

---

① [德]埃克哈特:《埃克哈特大师文集》,荣震华译,商务印书馆2001版,第179—187页。

路的结论。人的全部生活,每一件微不足道和每一件事关重大的行动都取决于对神的了解,但这种了解不是通过正确的思考,而是通过正确的行动得来的。这样,行动成为悖论逻辑信徒对神的爱的表达,无论是婆罗门教,佛教还是道教,都强调正确的行动而不是正确的信仰。在犹太教中也可以找到这一点,在犹太教的传统中,几乎没有出现过由信仰引起的教会分裂,要么大一点的如法利赛人和撒都该人之间的争吵,主要是两个对立的社会阶级之间的冲突。在犹太教的信仰中,重点(特别从公元元年开始以来)是选择正确的生活道路,也就是"Halacha"(犹太教口传律法)。

东西方哲学对行动和信仰的不同理解

正确的行动和正确的信仰之间究竟存在什么关系?弗洛姆认为这是东西方宗教对社会影响的重要体现。西方思想的主流与悖论逻辑不同,推崇的是亚里士多德的逻辑,他们相信只有在正确的思想中才会找到最终真理,所以宗教的主要重点在思想上,当然他们也认为正确的行动也很重要,只是更强调思想。正是对正确信仰的强调,在宗教的发展中,这一点就产生了解释教义的各种观点及对不信教者和其他教派人员的不包容。另外,它还导致了把信仰神看作是宗教态度的主要目的,那些依靠正确的道路体验到神的人仍然会被那些虽然体验不到神,但却"相信"神的人视为低人一等。强调思考还造成了另一个历史上看来是极其重要的后果——科学的发展。在科学的思维中,只有准确的思想是成立的,这一点既体现在要认真思考,也体现在把科学的思考运用到实践中去,也就是使用到技术中去。因此东方的思想导致宽容和努力改造人自身,但不导致技术;与此相反,西方的立场导致不宽容、教义和科学、天主教和原子能的发现。

在现代思想中,斯宾诺莎、马克思和弗洛伊德都认为行动要大于信仰,人们生活最重要的是从正确的信仰转移到正确的生活道路。因此马克思说:"哲学家们只是用不同的方式解释世界,而问题在于改变世界。"产生正确的行动才是信仰的根本目的。印度和中国的宗教信仰还有弗洛伊德的悖论逻辑的重点虽有不同,但它们仍是希望人们将重点放在体验上而不是思想上。这种对待信仰的体验性的态度也引发了东方一系列的社会影响。首先引起了对其他思想的宽容。如果正确的思想不是最终真理,不是指向拯救的道路,那么就没有理由反对由于不同思想得出不同结论的人。弗洛姆认为中国家喻户晓的盲人摸象的故事就体现了这种宽容精神,虽然人人都未能从整体上了解大象,但它体现了人们对不同思想的宽容。那个摸到象鼻子的人说:"这头动物像一个水烟筒。"另一个摸到大象耳朵的人说:"这头动物像一把扇子。"第三个摸到大象的腿,他把大象说成是一根柱子。人们很难真正地把握最终真理,那就没有理由反对其他不同的结论。悖论逻辑引起的第二个变化是应该重视改造人,而不是一方面发展教义,另一方面要发展科学。从印度、中国和神秘主义的宗教立场出发,人的宗教任务不在于正确思考,而是要得到体验并且要在聚精会神的禅坐过程中结成一体,这使东方社会重视人的改造和规范。

对神的爱的总结

在总结了关于神爱这个问题上的两种不同立场及产生的后果后,弗洛姆总结了对神的爱的观点:

第一,西方与东方对神的爱的理解分别在思想和体验上。占统治地位的西方宗教中,对神的爱基本上就是相信神,相信神的存在,相信神的正义和神的爱,对神的爱是一种思想上的体验。在东方宗教中和在西方的神秘主义中,对神的爱是一种对统一和爱的强烈感情体验,这种体验同生活中的每一种爱神的表现不可分割。埃克哈特最为极端地描绘了这状态:"我将会变成神,神会让我像他的存在那样起作用,而且我们将成为一体,而不是两体;在活生生的神身上确实看不到神和人的任何区别……有一些头脑简单的人说,他们看见了神,就好像神站在那里,他们站在这里。神不会这样,神和我是一体的。通过认识我把神纳入心中,通过爱我进入神身。"

第二,对神的爱与对父母的爱存在着重要的一致性。这种认识可以分为母亲阶段、父亲阶段和成熟阶段。孩子一开始感到母亲是"一切存在的基础"而与之紧紧相连。他感到自己弱小无力,需要包罗万象的母爱。然后孩子又转向父亲,把父亲看作是他的偏爱的新的中心,父亲成了他的思想和行动的准则。在这个阶段,孩子的动机是要求得到父亲的赞扬和避免父亲对他的不悦。在全面成熟的阶段,人从母亲和父亲这两个保护和发号施令的权力形象中解放出来,他在自己身上建立起父亲和母亲的原则。他成为自己的父亲和母亲,他是父亲又是母亲。在人类历史上我们窥见或预知这一发展过程中,人们对神的爱一开始是完全依赖同母神的联系,然后发展到无条件地服从一个像父亲那样的神,最后发展到成熟的阶段。在这个阶段,神不再是独立于人之外的势力,人自己就体现了爱和正义的原则并同神合二为一,而且人只是在一种充满诗意的象征意义上谈及神。

第三,对神的爱取决于一个人对神的认识成熟度。如果一个人不能超越他同母亲、部族、民族的联系,如果他继续停留在依赖一个惩罚他或者赞赏他的父亲的阶段,或者依赖别人权威的阶段,那他就不可能发展出对神的成熟的爱。他的信仰只可能是宗教的早期阶段的信神形式,他体验到的神不是个能保护他的母亲,就是个赏罚分明的父亲,而不是人与神的合二为一。

第四,对神的爱符合对人的爱的本质。从最早、最原始的人们对神的认识阶段到最高级阶段,"神"这个词既意味着部落的首领,也意味着"绝对虚无"。如弗洛伊德指出,每个人在他的潜意识中保留着各个阶段对神的认识继续发展的可能性,问题只在于他的发展达到了哪一个高度,但是有一点是肯定的,他对神的爱的本质符合他对人的爱的本质。尽管这种本质已经被越来越多爱的理论掩盖起来并且被社会合理化了,但不得不指出的是,对人的爱虽然直接表现在同家庭的联系上,但最终还是由人所生活的社会的结构所决定。在一个要求人们服从一种权威如市场或者公开的或者匿名的舆论权威的社会结构中,人们对神和对人的爱必定是幼稚的,人们并不能在其中发展出在单神宗教的历史中能找到的成熟思想。

第三节 西方宗教的衰落

几千年以来,宗教除了教导爱,还实现了很多功能。但是在20世纪上半叶科技日渐昌明的社会,很多人越来越难理解宗教的存在,宗教组织的影响力也在不断衰落。昔日马克斯·韦伯在《新教伦理与资本主义》中认为,新教伦理与潜藏在资本主义发展后面的某种心理驱动力(即资本主义精神)之间存在着某些关系。而今天资本主义疯狂发展,却给西方的宗教产生了巨大的世俗化的冲击。在消费主义和工业化的夹击下，现代宗教不仅式微而且异化的现象也很突出。弗洛姆从社会结构的变化分析了20世纪宗教衰落对人类社会的影响。

神爱与人爱同时衰微

弗洛姆认为，宗教作为一种信仰的力量，对人与人、人与世界的关系起着至关重要的作用，然而这一切都即将破灭，与西方社会同时衰微的不仅是人的爱，还有神的爱。在人们愤怒的中世纪，人们对待神的态度是非常严肃的，因为神决定着人类死后的命运，神也在人的生活中扮演着拯救者的角色，信徒都倾向于把神看作是帮助他们的父母，严格遵照神的旨意去生活。然而，在神被人们赶下神坛之后，衰落的不只是教堂，随之而来是人性的衰落。在市场至上和工业至上的社会，西方社会对神的爱和对自己的爱，都已经变成了符合异化了的机械工业时代的人的性格结构。过去因为担心得罪神会下地狱受苦，人们严格遵守神的旨意，这导致了他们谨小慎微、胆小怕事，没有原则也没有信赖，除了活下去，死后进入天堂外没有任何目标。人们对于神的爱，像孩子对待父母的爱，还停留在依靠神的帮助和需求上，他们没有强烈的自我的概念，是一群身体成熟但心里仍然是孩子的人。尽管如此，他们还是会努力地让自己顺从神的旨意去成长。然而今天，已经彻底看不到这种努力了。当人不那么虔诚和信靠神,当现代的日常生活同一切的宗教价值截然分开,生活的目的仅仅是为了寻求物质上的享受和财富、地位的成功之后,人已经不再努力进行精神世界的成长了,他始终还停留在婴幼儿阶段。不同的是他的拯救者不再是上帝,而是一大堆物质。他像机器一样,是不可能爱神的,也不可能按照神的旨意来爱人。

冷漠自私的人

与他的不成熟不相称的是,他的个人主义或者说冷漠和自私却发展得十分迅速,这成为他处事的原则基础。如果说,生活在中世纪宗教文化中的人像一个八岁的儿童,他一方面把父亲看作是拯救者,但另一方面他已经开始把父亲的教诲和原则接受到自己生活中去。现代人却完全是一个被塞满了玩具的三岁的孩子,只有需要父亲时他才会想起要招呼他,而他自己一个人能玩时他也会很高兴。他依赖了人格化了的神的爱,却又不愿意去实施神的原则,可以说,现代的西方人更像崇拜偶像的原始部落,而不像生活在中世纪宗教文化中的人,他们头脑简单,膜拜自己亲手打造的一切,而不是真正地去让自己的道德或精神更成熟。

在这种幼稚的个人主义导向的人身上,爱情就更难产生了。因为爱情是一种主体间性的互动,它只能产生于这样两个人中间,要求这两个人都从他们生存的圈子里跳出来并互相结合，同时他们每个人都必须脱离自我中心，从对方的角度去体验自己。只有这种"中心体验"才是人的现实，才是生活，是爱情的基础。这样体验到的爱情不是避风港，是不断地挑战自我，是一种共同的努力、成长和劳动。如果两个人能从自己生命的本质出发，体验到通过与自己的一致，与对方结成一体，而不是逃离自我，那么在这样的基本事实面前，就连和谐和冲突，欢乐和悲伤这样的东西都只能退居第二位了。但很明显，现代人根本做不到，他们还停留在被爱的婴幼儿阶段。

消费主义对信仰的侵蚀

令人头疼的是，西方的宗教也在不断地"更新"，以迎合人们异化的新口味。一大批新的教义的解释诞生了，但显然其中一部分是为了迎合那些不愿回到教堂，把神的教义视作人生真理的人们。弗洛姆认为，宗教教义也已经被异化，不知不觉西方宗教也变成了一个售卖成功学的市场。消费主义对信仰的侵蚀是当代西方社会令人反思的现象，资本主义的人格结构已经蒙蔽了许多人的心灵。人已经体会不到宗教对生命的意义，他已经变成了一种商品，他能体验到的生命力是笔资本，他可以根据他在人口市场的地位，用这笔资本去获得尽可能高的利润。他同他自己、同他同时代的人和大自然产生异化。他的主要目标是要把他的技能、知识和人格同他人进行有利交换,而那些人与他一样有着共同的行事原则——生活只有一个目的,那就是要活下去,准则只有一个,那就是做一笔好买卖,满足消费的要求。在这种情况下,他们心目中神的概念还会意味着什么呢?

弗洛姆认为,当代正在进行的宗教"更新"引入了许多成功学的理论,为要把神的信仰变成一种心理学的手段,用以武装人们更好地投入竞争,帮助人们获得财富和地位,这恰恰是《圣经》所否定的,"财主进天国比骆驼穿过针的眼还难"。上帝成了工具和手段,成了达到个人商业目的的召唤。在19世纪20年代,为了"培养自己的人格",人们可以靠自己的努力,并不需要召唤上帝。1938年的畅销书达尔·卡内基的《如何能赢得朋友和影响他人》完全是探讨世俗范围内的问题。但是今天,人们却频繁地把对上帝的信仰和祷告作为手段,以增强自己获得成功的能力。恩·弗派勒牧师的畅销书《积极思维的威力》就是这么建议的,一些神职人员,也建议人们要热爱上帝,因为上帝可以帮助我们获得个人的成功。他们放弃了神对人的品格塑造的要求,将神改造成一个可以通过祷告交易成功的商家。弗洛姆认为,这种宗教的成功学的思想,根本就没有回答我们追求成功的努力是否符合宗教精神,只是把上帝当作商业伙伴,而不是在爱、正义和真理中同上帝合二为一。正如博爱被非个性的公正代替一样,上帝只是一个幌子,人们口头上承认上帝的主权,行为上却走着自己的路。牧师对上帝的认识姑且如此,其他信徒又如何能够正确地认识信仰呢?更遑论那些早已被资本主义社会异化的普通人呢?

宗教衰落与复兴

弗洛姆在《论不服从》中写道,19世纪告诉我们"上帝死了",20世纪告诉我们"人死了"。[①] 伴随着人们宣告上帝的死去,宗教的衰落是必然的趋势,因为宗教像其他社会结构一样,一旦创立,就会因为追逐权力和影响力而被修正,而这通常与宗教最初的准则背道而驰。不过,19世纪人们对上帝的判断过于武断。上帝是死不了的,如尼采所说,上帝通过化身他名的方式,比如以道德良知之名,逃过世俗社会的致命一击。

在20世纪70年代以来,宗教在全球掀起复兴之势,冷战之后宗教复兴的趋势更为明显。以往受到普遍赞誉的世俗化范式似乎一夜之间到了穷途末路。社会学家彼得·伯格公开承认自己在20世纪60年代关于宗教世俗化的判断出现了失误:"那种认为我们仍然生活在一个世俗化世界的说法是错误的。今天的世界……仍和过去一样是非常宗教

---

① [美]艾里希·弗洛姆:《论不服从》,叶安宁译,上海译文出版社有限公司2017年版,第15页。

性的,在一些地区甚至比以往更具有宗教性。这意味着历史学家和社会学家随随便便贴上'世俗化理论'标签的一大堆文章基本上都是有误的。"学界普遍认为,世俗化发生转向是在20世纪70年代下半叶,以新教皇保罗二世的上任和亲西方的伊朗国王被推翻代之以宗教政权为标志。法国学者凯普尔认为:"大约在1975年,世俗化进程开始转向相反的方向。一种新的宗教模式已逐渐形成,其目的不是为了适应世俗化的价值观,而是试图为社会组织恢复一种神圣的基础——必要时可通过改变社会来达到这一目的。这种宗教模式以各种形式表达出来,它倡导从失败的现代主义中爬起来继续前进,并把现代主义的挫折与失败归结为与上帝的分离。这一模式的主题不再是'使罗马天主教现代化',而是将'欧洲第二次福音化',目的也不再是使伊斯兰教现代化,而是使'现代伊斯兰化',从那一天起,这种现象在全世界传播开来。"[①]

宗教复兴的最主要特征就在于宗教正在公共领域彰显其影响力,哈贝马斯等人不仅愿意接受宗教在公共领域发挥一些作用,并且提出"后世俗社会"的说法。亨廷顿认为"全球性宗教复兴最明显、最突出,也是最强有力的原因,恰恰是

---

① 张凤梅、张志刚:《全球宗教复兴及其现代启示》,载《理论月刊》2013年第3期,第69—72页。

那些被认为会引起宗教消亡的东西:20世纪后半叶席卷世界的社会、经济和文化现代化进程。认同和权力体系长期存在的根源瓦解了。人们从农村移居到城市,脱离了他们的根基,从事新的工作或没有工作。他们与大批陌生人相互作用,面对着一套新的关系。他们需要新认同根源、新形式的稳定社会以及一套新的道德规范来赋予他们意义和目的感。不论是主流的宗教还是原教旨主义的宗教,都满足了这些需要。"①

宗教复兴,出乎弗洛姆的意料,不过这也反映了在现代化过程摧毁传统生活方式的过程中,人们精神世界的真空,用物质世界是无法填满的,人们总是渴望一个超越世界的存在来慰藉孤独的心灵。著名的马克思主义理论家、文学批评家特里·伊格尔顿(Terry Eagleton)在新书《文化与上帝之死》指出,宗教衰落之后,带来的却是虚无。资本主义秩序在精神上的破产,和它对宗教的兴趣之复苏,是一种辩证关系,因为现代资本主义经济体系本质上是"内在的信仰虚无主义"。在上帝之后,人们用理性、自然、精神、文化、艺术、民族、国家、自然、人性、存在、社会、欲望、生命力量和个人关系等来填补上帝死后的空白,人们试图寻找各种替代物,而它

---

① 塞缪尔·亨廷顿:《文明的冲突与世界秩序的重建修订版》,周琪等译. 新华出版社2012年版,第83—101页。

们确实分担了神性的某种形式,但没有哪种形式能获得胜利。[1] 宗教的复兴,某种程度上是对消费主义泛滥的时代人类过度顶礼膜拜自己双手创造的物品的反击。爱默生说,"用具端坐于鞍,鞭笞人类疾行",人已经将自己变成了某种工具,人亟待重新翻身回到马鞍上。

第四节　爱与信仰

不管宗教衰落或复兴,人类对精神世界的追求都不会停止。安大略省劳伦特大学的一位神经系统科学家迈克尔·伯辛格(Michael Persinger),用一个叫作"上帝的头盔"(God helmet)的设备进行了一项备受争议的实验。伯辛格让测试者头戴头盔接受大脑扫描。大部分测试者都报告说他们感觉到了上帝的存在,或有一种同万物合一的感觉。这项实验证明,神秘的精神思想和体验或许是神经生理学的一部分。与此同时,宾夕法尼亚大学神经学家安德鲁·纽伯格(Andrew Newberg)还扫描了修女在祷告或与上帝进行交流时大脑所呈现的状态。结果表明,在这些时候,大脑中控制自我意识的区域不是很活跃,这样她们就可以与某个更强大

---

[1] 鲁绍臣:《伊格尔顿:宗教为何死不了? 上帝之后怎么办?》,澎湃新闻网,2015年01月19日,http://www.cssn.cn/zjx/201501/t20150119_1483526.shtml,2021年4月5日。

的事物融为一体。这些信息都表明,或许我们信仰的不是宗教,而是比我们自身更强大的,隐藏在背后的信念。[①]

全世界的宗教都强调爱,世界上伟大的精神领袖都发现了爱的力量是人类幸福生活的关键。印度诗人泰戈尔称爱是造物核心的终极真理,在印度教中寻求灵魂解脱的最常见的路径是彻底为神奉献。伊斯兰教苏菲教派的杰出女圣人罗比亚在她长达整晚的单独守夜中,发现神的爱是宇宙的核心,不把自己浸润在神之爱中并向别人反映出来,就失去了生命最高的福祉。可以说,爱就是比我们自身更强大的,隐藏在人类大脑中的信念。弗洛姆认为爱是来自灵魂的一种力量,爱的能力取决于我们本人成熟的程度,以及我们同世界和同自己的关系中能不能发展出一种创造性的倾向。这种脱离自己诞生和成熟的过程需要另一种品质作为必不可少的条件:那就是信仰。爱是以信仰为基础的,爱得少的人必然信仰少;爱得多的人,必然也信仰多。诺贝尔和平奖获奖者特蕾莎修女有一句名言:"假如你爱至成伤,你会发现,伤没有了,却有更多的爱。"爱只有以信仰做依托,才能爱得持久。

---

① [美]丹尼尔·平克:《全新思维:决胜未来的六大能力》,高芳译,浙江人民出版社2013年版,第227—228页。

合理的信仰

弗洛姆认为,信仰不一定就是信仰上帝或者别的宗教教义,信仰与理智和理性的思考也不是对立的,信仰也不应该被认为是一种无法证明的没有根据的知识。我们作为理智的人,首先应该区别合理的信仰和非合理的信仰。非合理的信仰是指服从于一种非理性权威的信仰,例如信仰一个人或者一种理想。与此相反,合理的信仰是扎根于自己思想或感情体验的一种坚定的信念。合理的信仰首先不是信仰什么东西,而是一种确认,这种确认是建立在自己真实经历上的坚定的信念。信仰是全部人格的一个性格特点,而不应是某些被他人看作对的思想内容有关的东西。

在理性的思考中,信仰看起来似乎没有存在的余地,但合理的信仰却是思考的一个重要组成部分,它牢牢扎根于创造性的智力和情感的积极活动。在科学界存在一个人们称之为"理性的灵感"的概念。它是指重大科学发明开始之初人们进行的创造性思考,这种理性的灵感就是对过去所做的研究、批判的思考和观察的全面总结。人在每一方面的奋斗既需要知识的积累,又需要"理性的灵感"为开端。在科学的历史中,为理智和理性的灵感而奋斗的例子不胜枚举。哥白尼、开普勒、伽利略和牛顿都充满着对理智的不可动摇的信念。为了这一信念,布鲁诺被活活烧死在木柴堆上,斯宾诺莎被他的宗教团体开除。从有一个理性的设想到形成一个理论,这一过程的每一个步骤都需要有信念:相信自己的设想是一个合理的、值得追求的目标,以及相信得出的推理或者理论,即使它们还没有得到普遍的承认。这一信念是以自己的经历、思想、观察和判断力的坚信不疑为基础的。不合理的信仰意味着只相信权威或大多数人的意见,而合理的信仰是产生一种独立的信念,相信自己创造性的观察和思考。

信仰与相信

信仰意味着相信,在人与人之间的关系这一范畴内,信仰是真正的友谊或者爱情不可缺少的特点。相信一个人意味着了解这个人的可靠性和稳定性,了解这个人的核心或者他的爱的态度,譬如说他对生命和人的尊严的尊重等这些核心的态度。在同样的意义上,我们也相信我们自己,我们也能意识到自我的存在,意识到我们人格的核心。在我们的一生中,尽管情况在不断地变化,我们的观点和感情也会起变化,但这一人格核心却始终存在。这一核心是存在于"我"字后面的现实,我们对自我意志的信念就建筑在这一核心上。弗洛姆认为,以爱为信仰的人格结构核心的体现是相信自己、相信他人和相信人类。

相信自己,是我们能够独立做自己的条件,如果我们不相信自己,我们对于自己是自己的感觉就会受到威胁,就会依附于他人,而他人的看法就会成为我们体验自己同一的基础。只有相信自己的人才有能力对别人忠诚,因为他自己就能做出保证,他将来会保持不变,他将来就会如同他今日许诺的那样去感受,去行动。相信自己是我们能做出许诺的先决条件,如果人的定义正如尼采所说是因为人有能力许诺,那么信仰就是人的生存的一个条件。在爱情的方面,就是要把相信自己的爱并相信这种爱能唤起别人的爱以及将相信这种爱的可靠性看作是爱情的基本条件。

相信他人,就是相信他人发展的可能性。最基本的形式就是母亲对她的新生儿的信念:她相信孩子会活下去、长大、学会走路和说话。由于孩子的发展很有规律性,所以似乎就不要求人们对此要有信念。但是孩子将来是否能爱、是否幸福、是否能发展理智以及是否有特殊才能、是否能进行艺术创造活动或才智出众,这些可能性是否能实现人们并不知道。这些可能性像幼嫩的植物,如果不具备发展条件就会枯萎。为了让孩子成熟并幸福,一个重要的发展条件就是,在孩子的生活中起重要作用的人应该相信孩子有这些发展的可能性。是否有这一信念就构成了"教育"和"影响"之间的区别。教育与帮助孩子实现他发展的可能性的任务是一致的,同教育相反的是影响,影响就是缺乏这一信念并且相信只有成人在孩子身上灌输他认为合适的东西以及扼杀他认为不合适的东西,孩子才会成长为一个规矩的人。对于机器人来说，不需要有信念，因为机器人不具备可以发展的生命，但对于人，就必须要相信人的发展性。

相信人类，是相信他人的顶峰。在西方世界，这一信念在宗教语言中表现在犹太-基督教的思想中，在世俗世界中则突出表现在近150年以来人道主义的政治和社会学思想中。同对孩子的信念一样，对人类的信念也建筑在这个设想上，那就是：在一定的条件下，人类有能力建立一个以平等、正义和爱为原则的社会制度。虽然迄今为止人类没有做到这一点，但要相信人类能够将其作为信仰。同每一种理性的信念一样，这一信仰绝不是相信会出现奇迹，它更多的是以人类的历史以及每个人的内心经历、对理智和爱的体验为基础的，这种思想是我们自己的观察和思考的产物。非合理的信仰只是要服从一种被看作是全知、全权的巨大势力，以及贬低自己的力量和能力，而合理的信仰是以相反的体验为基础的。

我们相信自己、他人和人类不断发展的可能性，会让我们对自己觉悟和体验得更深。我们对自己觉悟和成熟体验得越深，我们的信仰程度就越高。与信仰相对的是统治意义上的权力，相信权力和使用权力都是信仰的反面。权力的"信仰"是目前原封不动的状态的"未来"预言，它实际上是不相信人类有向前发展但尚未实现的可能性的。历史不断证明这一信仰的错误性，权力是人类获得的一切成果中最不牢靠和最短暂的成果,在权力的"信仰"中,没有对权力的信仰,只有对权力的服从或者保持权力的欲望。基于信仰和权力相互排斥这一事实,一切本来是建立在合理信仰上的宗教和政治体系之上,一旦它们依靠权力或者与权力结盟,就会堕落和失去内在的生命力。合理信仰的基础是我们自己的生产力,在信仰中生活,就是创造性地生活。

培养信仰需要勇气

产生信仰需要勇气,一个把苟安和无忧无虑作为生活基本条件的人永远不可能有信仰,人们要学会承受信仰带来的风险和准备受到痛苦与失望,并要在日常生活中观察和为信仰献身。信仰需要的勇气同狂妄自大的墨索里尼狂喊的"要危险地生活"所提倡的勇气截然不同,墨索里尼的勇气是虚无主义的勇气,它出自一种破坏性人生观,是准备抛弃生命的,因为它没有爱生活的能力。爱的勇气则完全相反,坚持爱的信仰的人,都会愿意像孩子学走路一样勇敢地去培养信仰。培养信仰可以从培养信念开始,信念可以渗透在生活的方方面面,例如抚养一个孩子需要信念,为了能够入睡需要信念,开始去做一项工作也需要信念。缺乏这种信念就会因为忧虑孩子而惶恐不安,就会失眠或者没有能力做创造性的工作,或者是疑心太重无法接近别人,或者是忧心忡忡不能做长期打算。对这类信念我们已经十分习惯,但坚持自己爱的信仰,坚信爱的信念,却是相当困难的,在这个方面尤其需要勇气。弗洛姆建议,第一个步骤就是要对失去爱的信仰这件事进行观察,要认识到在什么时候和什么地方自我会失去信仰,并且要看穿用来辩护失去信仰的各种借口和认识到什么地方胆怯了,并找了哪些辩解的借口,另外还要认识到每一次的自我欺骗只会削弱自己,而越来越软弱又会导致新的自我欺骗,如此恶性循环,一直到人失去信仰为止。第二个步骤就是要勇于为爱献出自己。要认识到那些自觉地害怕被别人爱的人实际上是一种不自觉地害怕爱别人的反映。爱一个人就是要献出自己,而不期待得到回报,但相信自己的爱一定会唤起对方的爱。爱是信仰的一种行动,信仰少的人必定爱得也少,同样勇气多的人也必定爱得多,信仰得多。

主要参考文献

［美］大卫·落耶.达尔文:爱的理论——着眼于对新世纪的治疗［M］.单继刚,译.北京:社会科学文献出版社,2004:21.

［德］海德格尔.存在与时间［M］.陈嘉映,王庆节,合译.北京:生活·读书·新知三联书店,1999:6.

［美］斯塔夫利阿诺斯.全球通史:从史前史到21世纪［M］.陈继静,译.何顺果,审校.北京:北京大学出版社,2013:263.

人民教育出版社历史室.世界近代现代史［M］.北京:人民教育出版社,2000:129.

［美］艾里希·弗洛姆.逃避自由［M］.刘林海,译.上海:上海译文出版社有限公司,2015.

罗文东.20世纪资本主义的发展变化［J］.科学社会主义,2001(2):11—14.

［美］劳伦斯·弗里德曼.爱的先知:弗洛姆传［M］.郑世彦,计羚,译.北京:中国友谊出版公司,2019:43.

[德]马克思.1844年经济学哲学手稿[M].中共中央马克思恩格斯斯大林列宁著作编译局,译.北京:人民出版社,2000:53.

罗文东.20世纪资本主义的发展变化[J].科学社会主义,2001(2):11—14.

潘小松.美国消费主义的起源[J].博览群书,2004(7):112—114.

[美]马尔库塞.单向度的人——发达工业社会意识形态研究[M].张峰等,译.重庆:重庆出版社,1998:9.

[美]丹尼尔·贝尔.资本主义文化矛盾[M].赵一凡,译.上海:三联书店,1989:102.

杨魁,董雅丽.消费文化——从现代到后现代[M].北京:中国社会科学出版社,2003:97—131.

[美]罗洛·梅.爱与意志[M].宏梅,梁华,译.北京:中国人民大学出版社,2010:22.

[美]诺尔曼·李莱贾德.伊壁鸠鲁[M].王利,译.北京:中华书局,2005:35.

[美]C.S.路易斯.四种爱[M].邓军海,译.上海:华东师范大学出版社,2018.

[法]奥德·朗瑟兰,[法]玛丽·勒莫尼耶.哲学家与爱[M].郑万玲,陈雪乔,译.上海:华东师范大学出版社,2021.

中共中央马恩列斯著作编译局.马克思恩格斯选集[M].

北京:人民出版社,1972:112.

[法]米歇尔·德·蒙田.蒙田随笔精选[M].马振骋,译.北京:人民文学出版社,2018.

徐克飞.关于法国"博爱"价值观的思考[J].当代中国价值观研究,2016(2):102—110.

[法]西蒙·波伏娃.第二性[M].李强选,译.北京:西苑出版社,2004:40—41.

[英]安东尼·肯尼.牛津西方哲学史[M].韩东晖,译.北京:中国人民大学出版社,2006:14.

[法]阿尔贝·加缪.鼠疫[M].顾方济,徐志仁,译.上海:译林出版社,2003:185.

[美]乔纳森·海特.象与骑象人:幸福的假设[M].李静瑶,译.杭州:浙江人民出版社,2012:146.

[美]阿明·扎德.爱的重建:愿你永远拥有爱的能力[M].沈洁,译.成都:天地出版社,2018:74—75.

吴冠军.爱与死的幽灵学:意识形态批判六论[M].长春:吉林出版集团,2008:2—4.

[法国]阿兰·巴迪欧.爱的多重奏[M].邓刚,译.上海:华东大学出版社,2012:130—133.

[法]司汤达.十九世纪的爱情[M].刘阳,译.南京:江苏人民出版社,2005:151—157.

[美]H.S.沙利文.精神病学的人际理论[M].纽约:诺顿

出版社,1953:246.

季琦.碎片化的生活使人平庸[J].中外书摘,2018(12):36—38.

[古希腊]赫拉克利特.残篇[M].慕尼黑:恩斯特·海曼伦出版社,1926:7.

[德]埃克哈特.埃克哈特大师文集[M].荣震华,译.北京:商务印书馆,2001:179—187.

[美]艾里希·弗洛姆.论不服从[M].叶安宁,译.上海:上海译文出版社有限公司,2017:15.

塞缪尔·亨廷顿.文明的冲突与世界秩序的重建修订版[M].周琪等,译.北京:新华出版社,2012:83—101.

[美]丹尼尔·平克.全新思维:决胜未来的六大能力[M].高芳,译.杭州:浙江人民出版社,2013:227—228.

附录一 作者生平介绍

（一）作者简介

艾里希·弗洛姆,著名德裔美籍心理学家、精神分析学家、哲学家。1900年生于德国法兰克福犹太人家庭,1922年获德国海德堡大学哲学博士学位,是19世纪20年代"法兰克福学派"重要成员。纳粹上台后,他于1934年赴美,在从事心理咨询工作的同时,在哥伦比亚大学等学术机构讲学,并先后执教于墨西哥国立大学、密歇根州立大学等高校。1980年弗洛姆病逝于瑞士洛伽诺。

弗洛姆的主要作品：

1941《逃避自由》

1954《心理分析和伦理学》

1955《健全的社会》

1955《现代人及其未来》

1956《爱的艺术》

1957《寓言、神话和梦境》

1959《弗洛伊德的使命》

1959《让人占据优势》

1961《禅与精神分析》

1961《马克思关于人的概念》

1961《自为的人》

1963《在幻想锁链的彼岸》

1964《人心》

1968《希望的革命》

1970《精神分析的危机》

1970《分析的社会心理学和社会理论》

1970《上帝和人的挑战》

1973《对人的破坏性之剖析》

1979《要财富还是要生存》

（二）弗洛姆的传记故事

2019年6月，哈佛大学心理学教授劳伦斯·弗里德曼的传记著作《爱的先知——弗洛姆传》由郑世彦、计羚翻译在中国出版，深度讲述了精神分析大师、《爱的艺术》的作者弗洛姆的非凡人生历程，让更多的中国的弗洛姆研究者了解了这位爱的艺术大师的丰富思想，以及他漫长、富有争议，但又极其充实的一生中激动人心的故事。以下结合此书,简单介绍弗洛姆一生重要的五个阶段,便于读者了解弗洛姆爱的艺术思想的成熟和发展。

1. 神经敏感的原生家庭

埃里希·弗洛姆,1900年3月23日生于德国法兰克福的一个犹太教家庭,是家中唯一的孩子。弗洛姆的家族祖辈,都遵循着严格的犹太教传统,这个家族出现了许多犹太教神学家、成功的商人和律师,是一个有着犹太教坚定信仰又殷实富裕的家族。弗洛姆的祖父塞利格曼·平卡斯·弗洛姆,是一位犹太教的拉比(神学教师),也是德国法兰克福犹太社区的领导者,祖母是19世纪中期最为杰出和博学的德国犹太教拉比之一塞利格曼·班贝格尔的女儿。他们共10个孩子,其中6个女儿、4个儿子。在商人、医生和杰出律师的众弟兄中,弗洛姆的父亲纳夫塔利·弗洛姆对他的境遇感到羞耻,他常常叹息自己不过是个平庸的葡萄酒商人,后悔自己没有成为一个拉比。

弗洛姆的母系家庭来自克劳斯家族,这个家族并不太著名。他们起先居住在俄罗斯,后来移民到了芬兰,在那里他们才改信了犹太教,但他们在芬兰生活得并不如意,后来他们又搬到了波兹南。波兹南原是德意志帝国的一部分,1918年后划分给了波兰。他们在那里经济条件十分艰苦,弗洛姆的外祖父过早地去世了,他的外祖母安娜不得不拼命地工作来养活6个年幼的孩子。为了不加重苦苦挣扎的母亲的经济负担,皮肤白皙,有着蓝眼睛、金色头发的漂亮的罗莎·克劳斯——弗洛姆的母亲,出于生计和安全而不是爱情,勉强与当地一位成功的葡萄酒商人——弗洛姆的父亲结婚了,这段耗尽了人生大部分欢乐的婚姻,造成了弗洛姆的敏感个性。

弗洛姆的母亲罗莎并不喜欢弗洛姆家族,因为她的丈夫不受这个家族的器重,她也不愿让他得到妻子的爱情。他们经常吵架,罗莎甚至患上了忧郁症,体重大幅增加,经常哭泣,她把弗洛姆作为自己生活的骄傲和快乐之源,把自己的理想都投射到弗洛姆身上。弗洛姆回忆道:"我感觉我不得不为了保护她而去对抗我的父亲。"罗莎对弗洛姆家族的抱怨,让弗洛姆非常不舒服,他感觉自己更像弗洛姆家族的一员,而不是母亲克劳斯家族的一员。母亲让弗洛姆总有一种轻微压抑的束缚感,在他童年的大部分时光里,母亲对弗洛姆有一种强烈的占有欲,并且她暴露出偏爱女儿的迹象。在同龄男孩开始穿着男性化的服装时,她仍坚持让弗洛姆留长发、穿女孩的衣服。弗洛姆喜爱小提琴,母亲却认为他擅长钢琴,她希望儿子成为另一个帕代雷夫斯基(Paderewski)——波兰著名的钢琴家和政治家。在抑郁缺乏欢乐的母亲那里,弗洛姆不得不扮演一个顺服孩子的角色,他是母亲的守护者,是维系这段糟糕婚姻的唯一纽带,"我时常感到自己是母亲的守护者,她经常哭泣"。

弗洛姆的父亲纳夫塔利,并没有一点心思想要改变这段婚姻,他非常神经质并具有强迫焦虑症,并常常为弗洛姆担忧,从未将弗洛姆当作一个已经长大成熟的人来看待。他总是担心弗洛姆会感冒,不让他在恶劣的天气外出,甚至经常试图将弗洛姆与其他同龄人隔离,并且否定他想要出国学习《犹太法典》的梦想。

罗莎和纳夫塔利深深关爱着弗洛姆,尽管他们并不相爱。在这样缺乏爱意和欢乐的家庭里,父亲纳夫塔利的神经质般的不稳定和罗莎那令人窒息的占有欲,造就了一个"难以忍受的、神经过敏"的孩子。弗洛姆,是一个敏感而有判断力的孩子,他想摆脱这种有问题又缺乏同理心的家庭教养方式,他的路德维格叔公,一位来自波兹南的犹太教的塔木德学者向他展示了一个令人欣慰的替代选项,这将弗洛姆引向了宗教和心灵探索的世界。12岁的弗洛姆,开始变成一个喜欢交友和思考的人,他与父亲的雇工、年轻的奥斯瓦尔德·苏斯曼叔叔成了好朋友,他们一起去法兰克福博物馆,他的叔叔向他介绍马克思的作品及其他社会主义著作,与他进行严肃的政治讨论。这种讨论让弗洛姆迅速地成长,他开始对公共领域和马克思的著作产生兴趣,迫切地思考当代问题的应对措施。

对于生命的思考,始于第一次世界大战,战争爆发时,弗洛姆才14岁。弗洛姆的一些叔伯、堂兄弟以及年长的校友都死了,他深深喜爱的苏斯曼叔叔也死于战争之中。这场战争成了他思想和情感的中心,他反复思考:"人们怎么可能不断地杀人与被杀呢?"1918年战争结束,弗洛姆18岁,他感到自己更成熟了,却成了一个深受困扰的年轻人,他被"为什么会发生战争"这个问题所困扰,希望了解人类群体行为的非理性,渴望和平和国际间的相互谅解。带着这一渴望和平、反战的批判性观点,弗洛姆开始走出了青春期,成为一个反思的、严肃的和独立的年轻人。这时他结识了一位具有强烈的哈西德派倾向的犹太拉比诺贝尔,他经常拜访诺贝尔的公寓,并将诺贝尔所认同的伦理规范总结为三个要点:第一,那些支持进步变革理想的人有必要在其日常生活中进行实践;第二,一个人必须严肃考虑他人的问题与需求,并帮助他们发现问题的答案、满足他们的需求。第三,通过原始力量无法实现任何理想,相反爱、谦逊和正义才能制定出正确的道路。这些观点,成为弗洛姆后来学术思想的基础。

1918年一战结束,弗洛姆也从沃勒中学毕业。1919年5月,弗洛姆在海德堡大学试学一年,他选修了法学,还学习了中世纪德国历史、马克思主义理论、社会运动以及心理学史等课程,他对犹太律法、佛教思想也有浓厚的兴趣,并开始私下练习太极和冥想。弗洛姆的论文《犹太律法:对于研究离散的犹太教徒的贡献》得到了著名的经济学家马克斯·韦伯的弟弟阿尔弗雷德·韦伯的认可,这是他的第一位也是唯一一位非犹太人导师。弗洛姆认为,犹太律法里有一个"灵魂",这个灵魂建立了犹太民族的道德——伦理联合体,让犹太人在没有国家、没有共同的俗世语言,甚至也没有机会建立礼拜场所的情况下,保持并延续它的信念系统和独特文化。韦伯教导弗洛姆:尽管社会学家必须关注个体,但不可避免地要根植于集体生活,这一教诲促进了弗洛姆后来社会性格的概念的形成。然而弗洛姆没有想到,父亲纳夫塔利在毕业答辩时突然出现在海德堡大学,原来他害怕弗洛姆不能通过答辩,会在答辩失败后自杀。弗洛姆的论文答辩后被评为第二等(非常好),他拒绝了韦伯让他展开学术生涯的建议。这时,一位来自俄罗斯的热忱的社会主义者萨尔曼·拉比诺,激发了他成为一个社会活动家的愿望。与此同时,他也决定与神经症的父亲保持距离,开始自己的独立生活。

2. 恋母情结

在海德堡大学期间,弗洛姆开始坠入情网。他和一名叫戈尔德·金斯伯格的年轻女人订了婚,但这段恋情似乎并不蒙祝福,他的一位朋友利奥·洛文塔尔轻而易举地临门插了一脚,赢得了戈尔德的芳心并与她结婚。在弗洛姆万般失意的日子里,戈尔德的闺密,差不多比弗洛姆大 11 岁的弗里达·里奇曼走进了他的生活,让弗洛姆的恋母情结开始初露端倪,那种与母亲在一起时轻微的被压抑的束缚感,又重新被燃起。

里奇曼出生在德国西南部卡尔斯鲁厄的一个中产阶级家庭,是正统的犹太信徒,并且在政治上秉持进步的价值观。里奇曼欣赏弗洛姆对宏大理论的兴趣以及他对人类存在的宏观问题的热情,她也看出他在日常生活需求方面几乎是个孩子。弗洛姆被里奇曼对于智力话题的热情和她务实的一面所吸引,她更像他的一位母亲,可以时时照顾他。但是里奇曼年龄大,还可能不能生育,这一切看起来都不太合适。随着里奇曼对弗洛姆的精神治疗与精神分析师的训练的进展,他们的关系越来越亲密。他们在1923年还并肩开设了一家犹太治疗机构,其目标是再沿着准社会主义路线前进的同时,培养犹太人的身份认同和精神健康。那时他们并不了解病人移情的心理机制,否则弗洛姆会更清楚自己与里奇曼的爱情更像是一种对精神分析师的移情。

遗憾的是,这段师生般、母子般、战友般的爱情,在现实面前风雨飘零。四年后,他们并肩成立的类似乌托邦的犹太治疗社区失败了,他们的婚姻,随着反叛实验的失败也开始进入疲倦和缺乏热情的状态。里奇曼产生了一些婚外情的状况,而弗洛姆开始对其他女性产生兴趣,特别是卡伦·霍尼,她是新弗洛伊德主义的代表人物,是社会心理学的最早的倡导者之一,比弗洛姆年长15岁。弗洛姆与里奇曼的关系到1928年就已经走到了尽头,他们没有孩子,这是一个重要的原因,而且未来弗洛姆都无法摆脱后继无人的人生遗憾。1931年弗洛姆得了肺结核,必须在达佛斯的一家疗养院里进行封闭治疗。1934年6月,当弗洛姆的身体恢复到能够旅行时,他的家乡已经被国家社会主义者统治,弗洛姆作为法兰克福社会分析研究院的成员回到德国将遭到迫害,他决定流亡到美国。卡伦·霍妮于1932年移民到美国,成为弗兰茨·亚历山大新建立的芝加哥精神分析研究院的副主管,弗洛姆与她秉持共同的文化观点——文化的特性强化了遗传所影响的性格特质。她邀请弗洛姆作为芝加哥精神分析研究所的讲师,并迅速地从这种友谊中发展出了情爱关系。

弗洛姆欣赏卡伦·霍尼的直率、朴实以及她的激情,但他也知道她与许多年轻男性有过一系列的风流韵事,她曾经是其中许多人的督导师或培训分析师,性征服让霍尼感到青春焕发,而年轻的精神分析学员经常在其中看到职业利益。弗洛姆与卡伦·霍妮的情爱关系一直保持到1940年,并以一场激烈的争吵宣布结束,从而也导致了他们共同创建的心理分析组织的分裂。就在这一时期,弗洛姆的著作《逃避自由》使他在美国成为被承认的学者,而且成为很抢手的作者和演讲者,霍妮也于1942年著成《自我分析》,其间他们经历了亦敌亦友的复杂关系,最终让霍妮越来越清楚地认识到,弗洛姆不会同意娶她,并且他不想成为她的魔幻助手,他需要自由和自主权,需要时间集中精力完成关于权威与自由的著作。

弗洛姆结束了与霍妮的关系,步入中年的他也彻底从恋母情结中走出来,但这并不能说明弗洛姆是一个忠诚的伴侣。当一段长期的关系行将结束时,他便开始寻找其他女人以确保持续的陪伴。在与霍妮关系结束的前三年,他与小他九岁的黑人舞蹈家和编舞家凯瑟琳·邓翰保持着浪漫关系。弗洛姆总是需要女性的陪伴来安定他忙碌的生活,但他不愿意在每段关系中被限制了自由。

3. 作为法兰克福学者

1922年,弗洛姆获海德堡大学哲学博士学位,并成为20世纪20年代"法兰克福学派"的成员之一。1929年,治疗社区实验失败后,满心沮丧的弗洛姆来到了法兰克福研究所。那里有一群折中的但持怀疑论的马克思主义学者,马克斯·霍克海默是那里的核心人物。弗洛姆逐渐地感到自己的职业,与其说是一个社会学家、社会心理学家或者精神分析家,不如说是一名社会评论家,也就是我们所认为的公共知识分子。法兰克福研究所对于苏联和东欧对马克思著作所提倡的"官方"解释,那种死板和教条的描述表示厌恶,他们希望对马克思的理论进行更灵活的、在心理上更敏感的阐释。

弗洛姆开始将精神分析与马克思主义联系起来,这成为他大部分著作的主要分析方法。他还主持了一个重要的研究项目,调查在德国工人身上令人惊讶的权威主义倾向,他花了将近十年的时间来思考。1941年《逃避自由》出版,这是他在社会批判方面最经典的著作。弗洛姆在法兰克福研究所的时间并不长,1931年他患上了结核病,直到1934年康复期间,他长期缺席研究所,不过他对法兰克福研究所的担忧却是正确的,研究所的大部分人员都是犹太人,当时社会的反犹情绪非常激烈。1932年,研究所的资金和行政办公室被转移到了日内瓦。弗洛姆警告他的同事们,如果希特勒上台,他们的资金将被没收,所以从德国搬离是至关重要的。

1933年希特勒上台,法兰克福研究所被纳粹政权以"敌视国家的倾向"的罪名关闭,必须要另寻新的去路。恰好,那年秋天弗洛姆受卡伦·霍妮邀请,和她一起前往美国在弗兰茨·亚历山大的芝加哥精神分析研究所举办讲座,霍克海默委托弗洛姆去探探路,看看法兰克福研究所能否在美国建立一个分部以及如何建立,甚至是搬迁到美国也行。哥伦比亚大学对弗洛姆之前做的德国工人的研究十分感兴趣,弗洛姆表示不会放弃自己在德国法兰克福的同事们。哥伦比亚大学社会学系默许了,在反犹太主义(包括常春藤盟校)四处盛行的年代,哥伦比亚大学慷慨地向一群德国犹太移民发出了邀请。法兰克福学派研究所暂时找到了栖身之地。

然而,在法兰克福研究所的十年后,弗洛姆意识到自己被边缘化了。相比其他许多的学者,他是一个多产的作者,他的文章《社会心理因素》可能是最具创造性和引人注目的。因这些文章,他被贴上了"社会心理学家"的标签,脱离了霍克海默和洛文塔尔所认同的基于本能生活的弗洛伊德的正统理论。他越来越靠近非正统的精神分析学家,比如沙利文和霍妮,这也让他与研究所同事的差异越来越明显。当然,让弗洛姆对法兰克福研究所灰心失望的还有薪水的争议。在水晶之夜事件(1938年11月9日至10日凌晨,纳粹党员与党委队袭击德国全境犹太人的事件,它被认为是对犹太人有组织的屠杀的开始)之后,弗洛姆的母亲罗莎最终承认了纳粹分子的危险性并愿意离开德国,而此时德国当局要求支付大额保证金才能获批离境。弗洛姆希望霍克海默能够帮其承担大部分的费用,但遭到了拒绝。这一决绝暗示着研究所出现了重大的财务问题。1939年,研究所违背了与弗洛姆签订的终身协议,并且不愿向他支付薪水。他们要求弗洛姆自动放弃工资,因为他可以通过更多的精神分析实践来维持生活,而其他的学者很难做到。弗洛姆抗议他们公然的违约行为,声称他拒绝了其他的精神分析实践,专注在研究所的工作上。

薪水争议是让弗洛姆产生离开法兰克福研究所的最后原因,而他对于美国的态度,成为他与其他同事的又一重大差异。弗洛姆到美国后美国化进展迅速,他很快地从熟悉英语到掌握英语,再到将英语作为自己的主要语言,甚至他培养了书写优秀英语散文的能力,能够按照美国化的方式来工作。研究所的其他同事,却拒绝匆忙的美国化,他们仍然将自己看作欧洲的知识分子,固执地只为专门的学术读者写作,喜欢用德语交流。弗洛姆也积极与大学里其他教师产生联系,尤其是社会学家和政治学家。他学习美国许多重要思想家的理论,如超验主义诗人兼散文家拉尔夫·沃尔多·艾默生和亨利·戴维·梭罗,心理学家兼哲学家威廉·詹姆斯以及哲学家和教育改革家约翰·杜威等人的著作。他结交了一批社会学家、语言学家的新朋友,如语言学家爱德华·萨丕尔,著名人类学家鲁思·本尼迪克特和玛格丽特·米德。

研究所对弗洛姆的美国化适应生活感到十分不适,研究所的音乐评论家西奥多·阿多诺本能地表现出他不喜欢弗洛姆。1937年弗洛姆提交了他十分看重的"种子文章"《分析社会心理学的方法与目的》,但是并没有赢得研究所的赞同,等到他大幅度修改之后,研究所仍然拒绝发表它。1938年,研究所明确表示不会发表哪怕是修改过的《分析社会心理学的方法与目的》,弗洛姆意识到他必须找到自己作为一个独立思想家的存在方式,一个全新的弗洛姆诞生了。

4. 在墨西哥做导师

在弗洛姆的一生中,有许多杰出的女性出现,她们带给弗洛姆对自由、爱、权力不同的体验,也逐渐打开了他对精神分析和自我的认识,唤醒了他对自发性、创造力、自由奔放的理解,促使他在情感上不仅超越了"民主"美国和纳粹德国之间严格的种族界限,而且超越了专业知识和流行文化的界限。到 20 世纪 40 年代初期,他已不再是简朴的法兰克福研究所的研究员,而即将成为一位备受赞誉的美国作家和社会评论家。

在与里奇曼离婚后,在与卡伦·霍妮和凯瑟琳·邓翰的恋情结束之后,1944 年,弗洛姆与来自纳粹德国的同胞赫妮·格兰德举行了婚礼。但赫妮患有精神分裂症,她的情绪时好时坏,弗洛姆不得不花大量的时间陪伴她。为了让赫妮感到舒适,弗洛姆对她更温柔体贴,并且为她造了一所周边风景优美的大房子。但赫妮的病情似乎并没有好转,疼痛折磨着她,最终他们了解到她身体的疼痛源于她从法国逃跑时留下的旧伤,飞机炮火扫射留下了许多金属碎片,导致了后来极其痛苦的类风湿性关节炎。药物对赫妮基本没有作用,她需要全天 24 小时的照顾,弗洛姆基本上没有办法工作。

1950年6月,这对夫妇决定听从赫妮纽约医生的建议搬到墨西哥城并在圣何塞普拉接受温泉治疗。1952年6月,弗洛姆在浴室的地板上发现了已经离世的赫妮。赫妮的自杀,给弗洛姆带来强烈的情感痛苦,也促使他考虑离开墨西哥,但他在墨西哥的导师工作,却已经全面展开了。

墨西哥国立大学的精神病学教授劳尔·冈萨雷斯·恩里克斯搞了一个关于弗洛伊德著作及其临床应用的研讨会,培训那些想要拥有精神分析特长的精神科医生。那时,精神分析培训只存在于阿根廷、美国,以及经历大屠杀浩劫的欧洲。弗洛姆的著作《逃避自由》,让墨西哥大学研究生院院长杰西·佐扎亚从中获益良多,他认为弗洛姆或许是最适合这门课程的导师。考虑到照顾赫妮的需要,弗洛姆接受了这所大学给予的最高贵的教职:该大学医学院的特殊教席。

当弗洛姆在墨西哥开始做导师的时候,他是一个自恋、严厉、傲慢、冲动和急躁的人,尽管他会在研讨会开始时,慷慨地提供咖啡和点心,但他又显得"傲慢自负",准备好压制所有的人。在这个第三世界国家里,他不太适应墨西哥的文化,甚至有些蔑视墨西哥文化,虽然他很欣赏当地艺术。他有着德国精神分析师十足的优越感,内心却又饱受伤害,这次培训的经历并不太愉快。弗洛姆人格的转变发生在20世纪50年代中后期。这可能得益于1952年赫妮去世后不久,他在1953年与安尼斯·弗里曼的新恋情和婚姻,以及他与铃木大拙和禅学的接触。他在墨西哥精神分析领域获得的普遍认可,也让他对墨西哥精神分析师学员们的态度有所缓和。他的脸色变得温和,不再神经兮兮地叼着一根雪茄,而是变得善良、和蔼、单纯,越来越能够去爱和共情,而且在生活中发现了新乐趣。他经常坐下来放松,闭上眼睛、放慢呼吸,还培养了收集笑话的爱好,幽默成了他最显著的特质之一。

在与安尼斯·弗里曼的第三段婚姻里,弗洛姆体验到了前所未有的爱情感受,这让他从第二任妻子的死亡中恢复过来,促使他在1956年创作出了最受读者认可的一部作品《爱的艺术》。他在墨西哥的学生越来越多,弗洛姆对13名有助于塑造墨西哥精神分析未来的每个学生都投入了大量时间。1957年8月,日本著名学者、历史学家、禅宗大师——86岁的铃木大拙,接受了弗洛姆的邀请,参加了为期一周的以精神分析与禅宗为主题的研讨会。这是墨西哥精神分析学会历史上最激动人心的时刻。铃木大拙讲得一口流利的英语,又通晓几门欧洲语言,他善于巧妙地向西方人解释禅宗与西方传统二元思想如何不同,20世纪30年代起,他就令人信服地把禅宗的精髓传达给西方的学者和普通的读者。他在哥伦比亚任教多年,并在那里建立了禅宗培训中心。二战结束后,铃木大拙在美国的影响力尤其巨大,有效地促进了东西方的对话和理解。

弗洛姆一生都在不断地寻找精神导师,弗洛姆信任铃木大拙,信任他的态度和他的智慧,这种热烈的情感可以与他对早期的导师和朋友拉比诺相媲美。铃木大拙的到来,让弗洛姆感到内在力量的觉醒,他将禅宗和精神分析相比较,他的论文变得更为清晰,他认为禅宗和精神分析有着相同的目的:洞察一个人的本质、自由、幸福、爱、理智,并释放被阻滞的能量,两者都要求人们克服贪婪、对名利的垂涎,转而重视爱、同情和道德行为。1956年出版的《爱的艺术》一书的畅销提升了弗洛姆所有著作的销量和版税,也让他更懂得珍惜生活。尽管在1955年到1956年他与赫伯特·马尔库塞在《异议》上的辩论,最后以弗洛姆的简短的反驳而看起来好像被"打败了",这影响了弗洛姆对学术地位的追求,但这也让他的后半生成为一个致力于传递爱、唤醒爱的政治活动家,一个爱的先知。

5. 爱的先知

1953年,弗洛姆在美国的年收入为8 850美元,到1959年一下子涨到了29874美元,他也即将迈入花甲之年,正在开启一个新的"生命篇章"——成为美国进步事业的主要捐助者。他为阿德莱·史蒂文森、威廉·富尔赖特、菲利普·哈特的竞选活动提供资金支持。他成了美国政府高层机构中的重要顾问,其中包括肯尼迪当政期间的总统办公室。

他在紧迫的公共事务上不断提出各种想法,在《健全的社会》中,他为核政策委员会提供了理智的理论指导,这个委员会也是在弗洛姆的帮助下建立的。他还致力于推动国际特赦组织、美国公谊服务委员会和美国社会党发挥作用。

他越来越被当作一位重要的作家和思想家,每个月大约都会收到30份来自高等学府的演讲邀请。他的思想也被许多新左派领导人借鉴和应用,被运用在民主运动之中。在美国从冷战初期的顺从转向20世纪60年代的反叛和多变中,弗洛姆的金钱、他的政治行动和思想,起到了桥梁的作用。在美苏冷战,敌对关系升级,核武器的对抗中,弗洛姆寻求与美国的公共知识分子的对话。1955年初,他与丹尼尔·贝尔、刘易斯·芒福德和马克斯·勒纳联合在《纽约时报》上发表了一份《良知宣言》,批评美国对中国的政策,为此弗洛姆差不多支付了半页广告费。这个广告主要是针对艾森豪威尔总统的,《良知宣言》主张承认共产主义中国,停止支持蒋介石在台湾的独裁统治政权,召开大国会议以分散远东的紧张局势。

弗洛姆积极参与政治社会活动,他成为社会党的主要财政支持者之一。1960年,他撰写了该党的纲领宣言,倡导国际和平共处并结束冷战。他与当时最受尊敬的社会评论家、西方和平运动的积极分子英国的伯特兰·罗素,成为惺惺相惜的朋友。1962年,他们共同出席了在克里姆林宫举行的世界裁军与和平大会上，法国哲学家让-保罗·萨特也在现场，他们与100多个国家的2 000多名代表就赫鲁晓夫政府与美国政府的冷战和核试验展开了公正的讨论。弗洛姆因抨击美国的高空核试验而赢得掌声，随后他又谴责苏联引爆了一枚57兆吨的核弹。赫鲁晓夫没有反驳，那是弗洛姆政治行动的高潮。

1966年初冬，弗洛姆完成了作品《像上帝一样存在》，他在和平运动中变得更加活跃。12月8日，理智核政策国家委员会主席在纽约的麦迪逊广场花园举行了一场大型反越战集会，并挑选弗洛姆作为主讲嘉宾。他说一口流利优雅而完美的英语，声音饱满有力，坚持认为在越南的杀戮必须停止，他认为自从一战以来，人们对生活的漠不关心和残酷无情就逐年增加。二战中对犹太人的大屠杀和盟军在德累斯顿、广岛和长崎的原子弹的轰炸，都显示出这个社会对于暴行和毁灭的嗜好。弗洛姆的演讲赢得了连绵不断的雷鸣般的掌声，接连一些日子，在纽约的几个重要的任命和演讲让弗洛姆奔波忙碌。弗洛姆的身体却开始恶化，在一次麦迪逊广场花园结束演讲后，弗洛姆突然感到胸口一阵剧痛，喘着粗气，他的心脏病发作严重。

弗洛姆搬到瑞士的洛加诺休养他的心脏疾病。1973年9月他终于从墨西哥精神分析研究会全身而退，他喜欢墨西哥的生活和文化，但他更想念欧洲。他和安尼斯在洛加诺买了一套简陋的公寓并简单地装修,在这座公寓楼的第五层上,放眼可以看到马焦雷湖和高耸的甘巴罗尼奥山。时间不多了,弗洛姆发誓要将他余下的日子用来写作和出版。弗洛姆开始对他最后最重要的学术视野和学术雄心《人类的破坏性剖析》进行进一步的深化与系统化。然而,《人类的破坏性剖析》出版后,评论褒贬不一,在美国精神分析学家中间几乎没有引起轰动,负面评论来自更正统的精神分析学家,对那些认同心理史学这个新分支的专业历史学学家,这本书似乎也没有引起他们的重视。出版商亨利·霍尔特预期不会有太大的销量,但在《纽约时报》刊登了一篇专题报道后,该书的销量开始回升。在出版后的 25 年里,这本书大约销售了 300 万册,并被翻译成 17 种语言。

弗洛姆还写了一本《爱的艺术》的姊妹篇《占有还是存在》,这本书在 1976 年出版时,在欧洲学生和专业人士当中非常受欢迎。这本书提倡过简单和少消费的生活,支持那些反对物质消费、反对核武器、反对美国侵占越南以及保护环境的抗议活动,而当时欧洲的大部分地区正在经历一场"反文化"运动,这情形与 20 世纪 60 年代的美国的文化运动一样。弗洛姆迅速而偶然地上升到了宗师的地位,这是他未曾料到的。他在德国和意大利接受了许多报纸、杂志、电台和电视台的采访,媒体认为他的思想和弗洛伊德的一样重要。这本书引起的强烈反响使他成为许多欧洲人心目中的导师,这表明社会仍有希望——许多人寻求与内在灵性和自我认知的更大融合,只是不知道如何实现这个状态而已。

弗洛姆的生命快要走到尽头了。在去世的前几个月,他病得相当重,有时反复无常,他经常在晚上醒来,半清醒地谈论全球的紧张局势并批评国家元首有问题的举措。他反复听巴赫的音乐,这令他觉得宽慰。1980年3月18日,弗洛姆病逝于瑞士洛伽诺,离他80岁生日还有5天。大多数讣告报道都提到了他公开倡导的人本主义价值观,有的甚至引用他的显著观点:"爱是解决人类生存问题的唯一令人满意的答案。"心理学家大卫·埃尔金德的观点,可能是最贴近弗洛姆的生活和存在以及他的著作的总结。他认为,弗洛姆不仅在他的著作中,而且在他的存在中,努力促成一个理想的世界——在其中人们密切联系、相互帮助和支持,并细心倾听彼此的观点;如果他质疑别人的观点,他的提问会带着温情、礼貌和支持。弗洛姆的人本主义就像是一个"道德触点",每个人在自己的内心深处都与全人类有着深刻和充满爱的联结。

弗洛姆为我们指出了人类的道路——爱和人道主义,他积极推动建立一个充满欢乐和关怀的社区,他这样描述这个社区:

> 这是一个培养人类——他的成长、正直、尊严和自

由的思想和情感的系统。在此,每个人都将这些品质作为他自己的目标,而不是获得某种东西的手段;这些品质培养他的积极主动的能力,让他意识到自己不是作为一个个体而是历史中的一位参与者,每个人的心中都怀揣着全人类。

附录二 《爱的艺术》的故事

（一）《爱的艺术》的英文目录与翻译

Preface

Ⅰ Is Love an Art?

Ⅱ The Theory of Love

1. Love, the Answer to the Problem of Human Existence

2. Love Between Parents and Child

3. The Objects of Love

   a. Brotherly Love

   b. Motherly Love

   c. Erotic Love

   d. Self-Love

   e. Love of God

Ⅲ Love and Its Disintegration in Contemporary Western Society

Ⅳ The Practice of Love

赵正国翻译版

前言

第一章　爱是一门艺术吗?

第二章　爱的理论

(一) 爱,是对人类存在问题的回答

(二) 父母和孩子之间的爱

(三) 爱的对象

(1) 兄弟之爱

(2) 母爱

(3) 性爱

(4) 自爱

(5) 上帝之爱

第三章　当代西方中的爱及其蜕变

第四章　爱的实践

李健鸣翻译版

前言

第一章　爱是一门艺术吗?

第二章　爱情的理论

(一) 爱情是对人类生存问题的回答

（二）父母和孩子之间的爱

（三）爱的对象

（1）博爱

（2）母爱

（3）性爱

（4）自爱

（5）神爱

第三章　爱情及其在当代西方社会的衰亡

第四章　爱的实践

（二）《爱的艺术》在中国

《爱的艺术》引入中文地区的时间在这本书出版19年后。1985年由台湾的出版社翻译引进，1986年进入中国大陆地区。《爱的艺术》在中国深受欢迎，多家出版社争相翻译出版，至今仍盘踞在畅销书榜的前列。

上海译文出版社	2011年	李健鸣 译
京华出版社	2009年	亦菲 译
光明日报出版社	2006年	萨茹菲 译
国际文化出版公司	2004年	赵正国 译
西苑出版社	2003年	萨茹菲 译
北京外文出版社	1998年	赵军 译

商务印书馆	1987年	李健鸣 译
华夏出版社	1987年	康革尔 译
工人出版社	1986年	孙依依 译
安徽文艺出版社	1986年	刘福堂 译
四川人民出版社	1986年	陈维刚 译
台北金逸图书	1985年	郑秀美 译
台北志文出版社	1985年	孟祥森 译

(三)《爱的艺术》与弗洛姆的爱情

在20世纪50年代,美国文化至少被三个问题所深深吸引:冷战、麦卡锡主义和爱的主题。弗洛姆公开反对冷战和麦卡锡主义,坚定地支持爱的社会发展道路。弗洛姆的第三任妻子安尼斯为弗洛姆写出《爱的艺术》提供了动机和动力。当他1952年底向安尼斯求爱的时候,他开始写这本书,并在两年内完成了它。

爱情让弗洛姆重焕新生,尽管已经53岁了,弗洛姆却像年轻的小伙子一样坠入情网,他十分迷恋这个比他小两岁的出生于匹兹堡新教家庭,并且前三任丈夫都已去世的女人。这位高挑、性感和美丽的女人,曾经去过印度,并在那里对东方灵性传统产生兴趣。她学过占星术,因为精准的语言、热衷冥想和打太极拳而远近闻名。她十分欣赏弗洛姆对佛教的兴趣,并且十分聪慧,在国际政治和多元文化方面,与弗洛姆也有共同语言。

那时,弗洛姆还住在墨西哥城,安尼斯住在纽约。弗洛姆写大量的信件给她,向她表达爱意,甚至结婚以后,他也经常在日常琐事中写各样的信札给安尼斯,有时是列举工作任务,有时是日常问题或想法,并穿插一些趣闻轶事或笑话,信里都是强调他对她的爱。他经常以日程安排为由写下这样的话:"现在是十点钟,我准备去办公室,也许你会在喝一杯茶后想起我。我最迟在两点钟回家。我完全属于你。——弗洛姆。"弗洛姆还向她表述他感兴趣的新书、新想法,以及希望他去买的优雅服装,甚至还会有他的个人反思。

弗洛姆完全坠入情网,他毫无保留地爱着安尼斯,对他来说,没有安尼斯的生活是无法想象的。"我美丽的爱人,我爱你,以至于变得脆弱,但这种脆弱是甜蜜且美好的。我希望你能在睡梦中感受到它。"这些简短而充满爱意的书信,是弗洛姆爱的流露。在她面前,弗洛姆开始欣赏自己,更少地考虑自己的缺点,她增加了他的自尊和自信,也让弗洛姆建立了一种普遍的爱的观点,爱自己对恋爱关系是必须的,他也领悟了更多关于爱的理论信息——爱在本质上是什么。

安尼斯与弗洛姆的其他两任妻子不同,她非常漂亮、魅力四射、热情洋溢,散发着对生活的热情,她特有的女性气质让弗洛姆着迷。弗洛姆通常起得很早,而安尼斯睡得很晚,他总是在她的枕头旁放上一张纸条来表达他的爱意,并开玩笑称她为"小懒虫"。在安尼斯的建议下,他开始和她一起喜欢喝爱尔兰咖啡。安尼斯不是知识分子,对于弗洛姆所读的书和与他讨论的书籍几乎没有见解,但她愿意分享她丈夫对国际事务中对政治的关注。

他们在库埃纳瓦卡建了一座房子,他强调这座美丽的房子,有音乐、有书籍、有美食,但如果没有安尼斯,就失去了意义。弗洛姆将屋后的土地改造成一大片巨大的倾斜草地,上面种植了一些花儿和仙人掌,还有各种美丽的乔木和灌木。他希望铃木大拙经常来访,在靠近房子附近小河的中游建造了一间陋室,把铃木大拙送给他的一盏优雅的灯笼挂在前面,粉红的火烈鸟经常在草地上散步。

爱情让弗洛姆对生活充满了热情,他开始向自己曾经克制的乐趣屈服了。他喜欢车,就买了一辆敞篷别克车,却没怎么开。他希望每天阅读《纽约时报》,同时抽着一根高级的墨西哥雪茄。他经常光顾一家高热量的德国面包店,走街串巷时,经常会为安尼斯买一束鲜花,有时也会买一盒糖果。他完全不再是过去他的朋友和家人眼中那个经常沮丧的人。弗洛姆在践行着他的爱的艺术,从本质上说,每个人都是同时爱上了自己和自己的伴侣。弗洛姆断言,当这一幕发生时,这个人也会同时爱上更大的社群,甚至整个人类——从某种意义上来说,爱所有人类的能力是真诚爱另一个人的先决条件。

截至1999年,《爱的艺术》已经被翻译成32种语言,销量超过2 500万册,至今仍在全世界畅销不衰,被誉为当代爱的艺术理论专著最著名的作品。当《爱的艺术》发行40万册还供不应求时,联邦德国《明镜》周刊评论说:"弗洛姆著作出版上的成功表明他的思想已经成为时代精神。弗洛姆汲取个人经验的能力,唤起了一个时代的共鸣。在20世纪50年代的美国,爱已经成为人们最大的困惑和最大的渴望,流行歌曲中到处都是与爱有关的歌曲,猫王埃尔维斯·普雷斯利、四王牌乐队都在向美国的青年表达爱的渴望。弗洛姆的书受到大众的欢迎并不奇怪。不过,如果没有安尼斯带来的灵感,这本书就可能永远不会被写出来。"

(四)《爱的艺术》的经典名言

《爱的艺术》原版只有120页,是一本十分深入浅出的小书。在这本书中,弗洛姆的许多观点成为那个时代最经典的名言。以下经典名言引自李健鸣翻译,上海译文出版社2008年4月第1版的《爱的艺术》,以飨读者。

1. 爱情不是一种与人的成熟程度无关,只需要投入身心的感情。如果不努力发展自己的全部人格并以此达到一种创造倾向性,那么每种爱的试图都会失败,如果没有爱他人

的能力,如果不能真正谦恭地、勇敢地、真诚地和有纪律地爱他人,那么人们在自己的爱情生活中也永远得不到满足。(前言第1页)

2. 大多数人认为爱情首先是自己能否被人爱,而不是自己有没有能力爱的问题。(第1页)

3. 人们往往把这种如痴如醉的入迷、疯狂的爱恋看作是强烈爱情的表现,而实际上这只是证明了这些男女过去是多么寂寞。(第4页)

4. 没有爱,人类一天也不可能生存。(第16页)

5. 成熟的爱情,那就是在保留自己完整和独立性的条件下,也就是保持自己独立个性的条件下,与他人合二为一。人的爱情是一种积极的力量,这种力量可以冲破人与人之间的高墙并使人与人结合。爱情可以使人克服孤寂和与世隔绝感,但同时又使人保持对自己的忠诚,保持自己的完整性和本来的面貌。在爱情中出现了两个生命合为一体,却依然保持两体的怪现象。(第16页)

6. 爱情是一种积极的、而不是消极的情绪,是人内心生长的东西,而不是被俘虏的情绪。一般来说可以用另一个说法来表达,即爱情首先是给而不是得。(第20页)

7. 爱情是一种行动,是运用人的力量,这种力量只有在自由中才能得到发挥,而且永远不会是强制的产物。(第20页)

8. 没有生命力就没有创造爱的能力。(第23页)

9. 有没有能力把爱作为一种给的行为取决于人的性格发展。(第24页)

10. 爱情的积极性除了有给的要素外,还有一些其他的基本要素。这些要素是所有爱的形式共有的,那就是:关心、责任心、尊重和认识。(第24页)

11. 爱情是对生命以及我们所爱之物生长的积极关心。如果缺乏这种积极的关心,那么这只是一种情绪,而不是爱情。(第25页)

12. 尊重就是要努力地使对方能成长和发展自己,因此尊重绝无剥削之意。(第26页)

13. 我希望一个被我爱的人应该以他自己的方式和为了自己去成长、发展,而不是服务于我。(第26页)

14. 只有当我自己达到独立,在没有外援的情况下独立地走自己的路,即不想去控制和利用别人,只有在这种情况下,尊重对方才有可能。(第26页)

15. 只有在自由的基础上才会有爱情,正像在一首古老的法国歌曲中唱的那样:"爱情是自由之子,永远不会是控制的产物。"(第26页)

16. 只有爱情才能带给我知识,在结合的过程中回答我所提出的问题。在爱情中,在献身中,在深入对方中,我找到了自己,发现了自己,发现了我们双方,发现了人。

(第29页)

17. 天真的孩童式的爱遵循下列原则:我爱因为我被人爱;而成熟的爱的原则是:我被人爱,因为我爱人。不成熟的幼稚的爱是:我爱你,因为我需要你;成熟的爱是:我需要你,因为我爱你。(第38页)

18. 一个成熟的人最终能达到他既是自己的母亲,又是自己的父亲的高度。(第41页)

19. 爱首先不是同一个人的关系,而更多的是一种态度,性格上的一种倾向。这种态度决定一个人同整个世界,而不是同爱的唯一"对象"的关系。(第42页)

20. 如果我确实爱一个人,那么我自然也会爱其他的人,我就会爱世界,爱生活。如果我能对一个人说:"我爱你",我也应该可以说:"我在你身上爱所有的人,爱世界,也爱我自己。"(第43页)

21. 一切爱的形式都以博爱为基础。(第43页)

22. 大多数的母亲有能力给予"乳汁",但只有少数的母亲除乳汁外,还能给予"蜂蜜"。为了能给予"蜂蜜",她不仅应该是一个好母亲,同时也应该是个幸福的人。(第46页)

23. 性爱是具有独占性的,但同时也是通过爱一个人,进而爱全人类,爱一切生命。性爱的独占性只表现在我只同一个人完全地、即在灵魂和肉体上融会为一体。(第51页)

24. 人们拒绝认识性爱的一个重要因素,即意志的因素。

爱一个人不仅是一种强烈的感情——而且也是一项决定,一种判断,一个诺言。(第53页)

25. 一切有能力爱别人的人必定也爱自己,原则上爱别人和爱自己是不可分的。(第55页)

26. 爱情只能产生于这样两个人中间,这两个人都从他们生存的圈子里跳出来并互相结合,同时他们每个人都又能脱离自我中心去体验自己。只有这种"中心体验"才是人的现实,才是生活,才是爱情的基础。(第95页)

27. 爱的能力取决于我们本人的成熟程度,以及在我们同世界和同自己的关系中能不能发展一种创造性的倾向。(第111页)

28. 爱情是以信仰为基础的。(第111页)

29. 信仰是全部人格的一个性格特点,而不是同某些被看作为对的思想内容有关的东西。(第112页)

30. 在人与人之间的关系这一范畴内,信仰是真正的友谊或者爱情的不可缺少的特点。相信一个人意味着了解这个人基本态度的可靠性和稳定性,了解这个人的核心或者他的爱。(第113页)

31. 只有相信自己的人才有能力对别人忠诚,因为他自己就能做出保证,他将来会保持不变,他将来就会如同他今日许诺的那样去感受、去行动。(第114页)

32. 在爱情方面,就要把相信自己的爱情并相信这种爱

情能唤起别人的爱以及相信这种爱的可靠性看作爱情的基本条件。(第114页)

33. 我们相信自己、他人和人类不断发展的可能性,我们对自己的觉悟和成熟体验得越深,我们的信仰程度就越高。(第115页)

34. 在信仰中生活,就是创造性地生活。(第115页)

35. 爱一个人就是要献出自己,而不期待得到回报,但相信自己的爱一定会唤起对方的爱。(第117页)

36. 爱情是信仰的一种行动,信仰少的人必定爱得也少。(第117页)

37. 爱情是一项积极的活动;如果我爱,我对所爱之人就抱有积极的态度,而且还不限于对他(她)。(第118页)

38. 爱的能力要求人全力以赴,要求人的清醒状态和生命力的升华,而这种能力只能通过在生活的许多其他方面的创造性的和积极的态度才能获得。在其他范畴没有产生积极性的人,在爱情方面也不可能有这种能力。(第118页)

39. 要使人具备爱的能力,就一定要把人的发展看作是社会的最高目标。(第122页)

40. 应该这样组织社会,使得人的合群性和爱的本性不脱离其社会存在,而且同社会存在联合一致;应该使得人不再同自己的力量产生异化并且不再通过崇拜新偶像——国家、生产、消费——的方式去体验自己的力量。只有在这样的一个社会,正如马克思所说,当个人的全面的发展成为所有人全面发展的条件时,爱情才会成为一种重要的社会态度。(第122页)